# 戦争調査会
## 幻の政府文書を読み解く

井上寿一



講談社現代新書

2453

# はじめに

## 戦争検証の国家プロジェクト

本書は戦争調査会の資料をとおして、戦前昭和の戦争への道を読み直す試みである。

敗戦後、最初の内閣を組織した東久邇宮《ひがしくにのみや》（稔彦《なるひこ》）首相は、全国民に「総懺悔《そうざんげ》」（「一億総懺悔」）を呼びかけながら、占領当局の要求する「戦争犯罪人の処罰」をおこなうことができずに辞任する。後継首班は、難航の末、幣原喜重郎《しではらきじゅうろう》に決まる。

七〇歳を越える老首相は、心中ひそかに期するところがあった。戦前の国際協調外交を主導した外交官出身の幣原は、日本の再建をめざして、占領軍と渡り合う覚悟だった。「今頃のアメリカ人の英語は下手でいかん」。英語の練達の士でもあった幣原の交渉能力に不足はなかった。マッカーサーの面前で幣原は、シェイクスピアの『ベニスの商人』の一節を諳んじてみせている。

他方で幣原は、首相就任の前から、政府による敗戦の原因の調査とその結果の公表を考えていた。

一九四五（昭和二〇）年一〇月三〇日、幣原内閣は「敗戦の原因及実相調査の件」を閣議決定する。この閣議決定に基づいて、ふたたび戦争の過誤を犯さないように、政治、外交、軍事、経済、思想、文化などの多角的な視点から、敗戦の原因と実相を明らかにする政府機関として、戦争調査会が設置されることになった。委員・職員は総勢約一〇〇人が予定された。ここに戦争を検証する国家プロジェクトが始まる。

## 四〇回以上もの会議、当事者インタビュー、独自の資料

戦争調査会の資料に注目する理由は三つある。

第一は資料の歴史的な価値である。戦争調査会は五つの部会を設けた。総会のほかに部会、連合部会、部会長会議、参与会議が開催された。会議の総回数は四〇回以上に及ぶ。資料のなかにはこれらの会議の議事録がある。戦争調査会は大臣経験者や外交官、軍人、官僚などにインタビューを実施して、談話と質疑応答の速記録を残している。関係者から提供された資料や手記もある。戦争調査会は独自の資料収集と現地調査もおこなっている。これらの資料は全一五巻の刊行図書として誰でも参照できるものの、活用されているとは言い難い状況である。

あらかじめ断っておくと、ここにあるのは新発見のスクープ資料の類ではない。昭和戦

前史研究は膨大な蓄積がある。その裏付けとなる史料調査も進展している。通説を根底から覆すような新史料の発掘は考えにくい。

それでも戦争調査会の資料は読み解くに値する。敗戦直後に当事者は何を語ったのか。彼らは何を議論したのか。当事者間の質疑応答から何が明らかになったのか。戦争調査会が収集した資料は何を意味するのか。なぜ現地調査をおこなったのか。調査結果はどうだったのか。戦争調査会の資料群が昭和戦前史に誘《いざな》う。

## 敗戦直後の切実さ

第二は再解釈の可能性である。戦争はなぜ起きたのか。この疑問に答を求める切実さは敗戦直後の当時と今とでは異なる。今の方が戦争を理解できるとは限らない。歴史解釈は後講釈に陥りがちである。当時の史料状況の貧困さを指摘するよりも、史料がなければ探す、関係者に聞く、現地調査に赴く、このような戦争調査会の行動力に学ぶべきだろう。

歴史は多様な学び方を許容する。今日の問題関心と視点から当時の史料を読み解けば、歴史を活かすことができる。敗戦直後と平和が七〇年以上続いている今日とでは、「不戦の誓い」の意味も異なる。どちらが正しいかどうかの問題ではない。なぜ道を誤ったのか。昭和戦前史から学ぶ教訓は人それぞれである。

付言すると、戦争調査会の調査の追跡作業は、間接的に敗戦直後の日本の状況を明らかにする。背景説明の意図とは別に、一九四六（昭和二一）年の占領下日本の実像が垣間見える。戦時中よりも過酷な経済的困窮のなかで、戦争の影を引きずりながら、敗戦国日本が平和を求める姿は、戦後＝平和の単純な図式に再考を促す。

## 自立的な検証の重要性

第三は戦争の自立的な検証の重要性である。敗戦後の最初の内閣（東久邇宮内閣）が「自主裁判」構想を閣議決定したことはよく知られている。つぎの幣原内閣も「戦争責任裁判法」の制定に努めていた。敗戦国日本の政府が自立的に戦争原因を追究しようとしていたことは記憶に留めておくべきだろう。

そこへ一九四六年五月から東京裁判が始まる。東京裁判をめぐって今も議論が喧《かまびす》しい。この問題にはすぐあとでもう一度ふれる。あらかじめ強調しておきたいのは、東京裁判が自立的な戦争原因の追究に及ぼした影響である。たとえば「自主裁判」が具体化する。あるいは「戦争責任裁判法」が制定されたとする。しかし東京裁判が始まれば、二番煎じの「自主裁判」や「戦争責任裁判」は機能しなかったにちがいない。主要な戦争犯罪容疑者は巣鴨プリズンに収容されていた。どうすれば彼らをもう一つの裁判の被告席に連れてくることができたというのだろうか。

幣原はできもしないことよりも、徹底的な調査を優先させる。幣原にとって、裁くことよりも検証することの方が重要だった。戦争の失敗をくりかえさないように教訓を後世に伝えることが自分たちの義務であると考えた。幣原は戦争調査会の委員に覚悟を求めた。対するのちの世代の義務は、戦争調査会の資料から歴史の教訓を学ぶことである。

## 「文明の裁き」対「勝者の裁き」を超えて

戦争責任の問題をめぐって、戦後七〇年以上を経た今でも、固定化された意見の対立が続いている。東京裁判の結果に基づく歴史観（「東京裁判史観」）の是非が争われている。「文明の裁き」と肯定するのか、「勝者の裁き」と否定するのか。このような二者択一の対立図式は戦争責任論を歪《ゆが》める。「文明の裁き」論の過剰な規範意識は、戦争の現実を見失わせる。「勝者の裁き」論の敗者の怨恨は、戦前日本の無批判な肯定につながる。

問うべきは別の問題である。なぜ戦後日本の政府と国民は自らの手で戦争原因を追究しなかったのか。自立的な戦争原因の追究は、大日本帝国の栄光の正当化に陥ることなく、戦前昭和の功罪を明らかにすることができる。

しかし自立的な戦争原因の追究はむずかしい。敗戦国は責任回避に走り、証拠の隠滅を図る。日本も例外ではなかった。陸軍は早くも八月一四日の午後から機密書類の焼却を始めている。翌日正午の「玉音放送」後、中央官庁街を見渡すと、外務省・内務省・大蔵省から公文書の焼却による煙が立ち上っていた。

このような状況にもかかわらず、さらに戦犯容疑者の巣鴨プリズン収監が始まるなかで、敗戦国の首相でありながら、幣原は戦争調査会を設置する。幣原の戦争調査会は、「文明の裁き」や「勝者の裁き」とは異なる、自立的な戦争原因追究の試みだった。そうだとすれば戦争調査会の歴史的な意義は大きい。敗戦国日本は自国の歴史にどのような始末をつけようとしたのか、戦争調査会が示唆しているからである。

### 道を誤った原因

戦争調査会の存在はほとんど知られていない。研究も乏しい。わずかにつぎのような著作・論文が戦争調査会の全体像の断片を伝えているにすぎない。たとえば波多野澄雄『国家と歴史』（中公新書、二〇一一年）がある。同書は戦争調査会を戦争検証の自立的な試みと挫折の例として、取り上げている。あるいは冨田圭一郎「敗戦直後の戦争調査会について——政策を検証する試みとその挫折」（『レファレンス』二〇一三年一月号）がある。この論稿からは組織としての戦争調査会の概観と調査資料の書誌的なデータを得ることができる。加藤陽子『戦争まで――歴史を決めた交渉と日本の失敗』（朝日出版社、二〇一六年）も、幣原の活躍を中心に部分的にふれている。

これらの先行業績は、戦争調査会の議論に立ち入ることなく、収集資料の内容分析もおこなっていない。対する本書は戦争調査会の資料全一五巻を読み解くことで、独自性を主張できるように努める。別の言い方をすれば、本書は一方では戦争調査会とその時代を再現しながら、他方では戦争調査会の資料を手がかりに、道を誤った原因を考える。

**本書の構成**

本書は二部構成である。

第一部では戦争調査会の議論を始まり（Ⅰ章）から終わり（Ⅳ章）まで追跡する。その過程で思いがけない人物からの意想外の発言やこれまでの戦争理解に揺さぶりをかける議論（Ⅱ章、Ⅲ章）に接することになるだろう。

第二部では戦争調査会の資料を参考にしながら、戦争への道を検証する。最初に戦争の起源をさかのぼる（Ⅴ章）。つぎに時系列に即して、満州事変から日米開戦までを再構成する（Ⅵ章、Ⅶ章）。Ⅷ章では戦争の現実の検証をおこなう。

## 公文書管理と戦争調査会

二〇一七（平成二九）年は公文書管理の問題が政治問題化した年である。自衛隊の南スーダンPKO日報問題・「森友学園」問題・「加計《かけ》学園」問題、これらの問題の真偽のほどは現時点ではわからない。さきに言及したように、日本は敗戦時に各官庁が公文書を焼却した過去を持つ国である。そうだからこのような問題が起きたのかもしれない。

他方で日本は戦争調査会を作った国でもある。不都合な事実であれ何であれ掻《か》き集めて調査の結果をすべて公表する意図の下に、判断をのちの世代に委ねた戦争調査会の活動は、今こそふりかえるに値する。判断を委ねられたのちの世代は、戦争調査会が残した資料から、なぜ道を誤ったのかを学ばなくてはならない。

目次

凡例

引用は読みやすさを優先させた。原則として漢字は新字体・常用漢字に、かなづかいは現代かなづかいに、カタカナをひらがなに改めるなどの変更を加えた。明らかな誤字は訂正し、句読点を補った箇所もある。引用文中の「……」は引用者による省略であることを示す。今日では不適切な表現があるものの、歴史資料であることを考慮して、原文のまま引用した。なお「戦争調査会」の名称は当初「大東亜戦争調査会」だった。翌一九四六年一月、占領当局の指示により、「戦争調査会」に改められる。本書では「戦争調査会」の名称で統一している。

# 第一部　戦争調査会とその時代

## I章　戦争調査会の始動

## 八月一五日の車内の光景

一九四五(昭和二〇)年八月一五日の正午、外出先で玉音放送を聞いた幣原喜重郎は、電車に乗って帰途に就く。

車内で三〇代の男が叫んだ。「一体君は、こうまで、日本が追いつめられたのを知っていたのか。なぜ戦争をしなければならなかったのか。……おれたちは知らん間に戦争に引入れられて、知らん間に降参する。怪《け》しからんのはわれわれを騙《だま》し討ちにした当局の連中だ」。男は泣き出す。乗客も「そうだそうだ」と騒ぐ。

幣原は心を打たれる。「彼らのいうことはもっとも至極だと思った」。幣原は敗戦の日の「非常な感激の場面」を心に刻んだ。

民政党の第二次若槻《わかつき》(礼次郎《れいじろう》)内閣(一九三一年四月~一二月)の外相を最後に、政治の表舞台から去って一〇年以上の歳月が流れていた。年齢も七〇代だった。再起を期すのは遅すぎた。

ところが幣原はちがった。敗戦は好機到来だった。戦争末期から元内務官僚の次田大三郎《つぎただいざぶろう》らの側近が幣原に首相をめざすように要請していたからである。

**日本再建の基本方針「終戦善後策」**

幣原はすぐに意見書「終戦善後策」をまとめる。四ヵ条からなる「終戦善後策」は戦後日本再建の基本方針である。

第一条は日本に対する連合国の信頼感を深めること、第二条は敗戦にともなう事態の重大性を銘記すること、第三条は国際情勢のチャンスを逃さず日本に有利な新局面の展開を図ること、となっている。

首相に就任した幣原喜重郎

最後の第四条「政府は我敗戦の原因を調査し、其結果を公表すること」は、四項目立てである。記述も詳細になっている。八月一五日の光景の反映にちがいなかった。それだけではない。幣原は第四条に記している。「我敗戦の原因何処《いずこ》に在るかは今後新日本の建設に欠くべからざる資料を供するものなり」。敗戦原因の追究は「死んだ子の年を数える」のではなく、新しい日本の建設の礎《いしずえ》にすることが目的だった。

一〇月になると幣原は、「終戦善後策」を携えて、吉田《よしだ》（茂《しげる》）外相を訪ねる。この意見書を手渡して、幣原は吉田に考慮を求めた。吉田は幣原を首相にする心積もりだった。後日マッカーサーの内諾を取りつけた吉田は、幣原に首相就任を要請した。一〇月九日、幣原内閣が成立する。

同月三〇日、閣議は「敗戦の原因及実相調査の件」を決定した。「大東亜戦争敗戦の原因及実相を明《あきら》かにすることは、之に関し犯したる大なる過誤を将来に於て繰り返さざらしむるが為に必要なり」。この閣議決定は「終戦善後策」第四条の具体化だった。

翌一一月二〇日、幣原内閣は「大東亜戦争調査会官制」を閣議決定する。「敗戦の原因及実相」を調査する政府部局が設置される。この調査会は総裁・副総裁各一名、委員二五名未満をもって組織し、臨時委員を置くことができるようになっていた。

調査に対する幣原の信念に揺るぎはなかった。幣原の信念の背景にあったのは、あの電車内の出来事だった。幣原は一二月二日の貴族院における答弁で強調している。「五年前戦争を主張し企図して、遂に開戦に至らしめた人々に対しまして、国民が公憤を感ずるのは尤《もっと》ものことであると存じます」。八月一五日の車内の光景から続く国民の「公憤」に共感する幣原は、調査会を始動する。

## 難航する総裁ポスト

幣原にとって戦争調査会は「永続的性質」を帯びていた。戦争調査会の総裁ポストは、内閣交代の影響を受けてはならなかった。総裁の指名は勅命による。戦争調査会は継続性を持つ国家プロジェクトだった。

総裁選びは思いのほか難航する。意中の人は牧野伸顕《まきののぶあき》だった。戦前、元老につぐ重要な内大臣の地位にあった親英米派の牧野は、幣原が外相を務めた時の政党内閣を側面から支援していたからである。しかし牧野は断った。そこで幣原は、今度は若槻に就任を要請する。第二次若槻内閣の外相幣原にとって、当然の選択だった。

要請を受けたものの、若槻は、伊豆・伊東の別邸で、満州事変の不拡大に失敗した過去に言及しながら謝絶する。若槻は理由を言う。「これを顧みてみると、私は腹を切ることはしないでも、せめて坊主になって世の中を隠退して、一切の政治問題には関係をしないという態度を執らなければならぬと思っている」。若槻の謝絶は戦争責任の引き受け方の一つだった。

若槻に断られたのは、一九四六年二月のことである。これ以上総裁のポストを空けておくことはできなかった。やむをえず幣原自らが総裁の座に就くことになった。

青木得三

## 長官に就いたエリート官僚

総裁のポストと同等以上に重要だったのは、事務方のトップに当たる長官のポストである。次田大三郎内閣書記官長は庶民金庫（一九三八年設立の政府系金融機関、のちの国民金融公庫）理事長の青木《あおき》得三《とくぞう》に依頼する。一八八五（明治一八）年三月二六日生まれの青木は当時六一歳だった。一九〇九（明治四二）年に東京帝国大学を卒業して大蔵省に入省した青木は、エリートコースを歩む。課長クラスの時から論壇誌の『改造』に寄稿して、注目されていた。青木自身が「大蔵官僚というものは政党色がないのです。私が特別のことです」とのちに述べているように、青木は若槻礼次郎や浜口《はまぐち》雄幸《おさち》のような大蔵省出身の民政党の政治家のあとを追った。青木は岡田《おかだ》（啓介《けいすけ》）内閣（一九三四〜三六年）の時の選挙粛正運動に関わっている。「選挙を粛正して政党を浄化」することで、「軍閥政治」を避ける意図からだった。

大学の同級生だったふたりは、次田が内務省、青木が大蔵省のちがいはあっても、旧民政党系の国家官僚の出身として共通する。次田は青木に頼み込む。「庶民金庫の理事長なんというのは誰にでも勤まるけれども、この戦争調査会の事務局長官はお前でなければ勤まらない」。次田は大蔵省の天下りで手にした庶民金庫の理事長のポストを手放すことを求めている。普通であれば兼職で足りそうなものである。しかし国家プロジェクトの事務方トップの役割は兼職では無理だった。青木はのちに述懐している。「最初政府側の考えは相当強固なものでした」。青木は戦争調査会で辣腕《らつわん》を振るう。総裁候補者のところへ足を運び、説得する。諸会議へもっとも熱心に出席する。会議の議事進行を滞りなくおこなう。調査項目を指示する。とびきり優秀な国家官僚の出身者ならではの行政手腕だった。

### 戦犯逮捕と公職追放のなかで――委員の人選

長官と総裁は決まった。つぎは委員の人選である。委員は学識経験者から二〇名が任命される。このほかに臨時委員一八名、専門委員三名、参与八名が任命されている。事務局内には二つの課（庶務課と資料課）、五つの部会に対応して、五つの調査室が設置される。五つの部会とは、政治外交・軍事・財政経済・思想文化・科学技術である。

各部会の部会長名を挙げる。斎藤隆夫《さいとうたかお》（衆議院議員、日本進歩党）・飯村穣《いいむらじょう》（元憲兵司令官、陸軍中将）・山室宗文《やまむろむねふみ》（元三菱信託会長）・馬場恒吾《ばばつねご》（読売新聞社社長、貴族院議員）・八木秀次《やぎひでつぐ》（大阪帝国大学総長、電気工学、元技術院総裁）の以上五名である。

斎藤隆夫（国立国会図書館蔵）

なぜこの五人なのか。戦犯逮捕令と公職追放令を想起する必要がある。敗戦直後の九月一一日、占領軍は東条英機《とうじようひでき》ら三九人に対する戦犯逮捕令を発した。東条は自殺を図りながら、未遂に終わる。東条内閣の小泉《こいずみ》（親彦《ちかひこ》）厚相と橋田《はしだ》（邦彦《くにひこ》）文相は服毒自殺した。一一月に逮捕令が出た本庄《ほんじよう》（繁《しげる》）元関東軍司令官も自決している。一二月には近衛文麿《このえふみまろ》も服毒自殺する。

年末までに逮捕者は三〇〇人に達した。陸海軍はもとより政界、財界、右翼団体へと拡大した逮捕者のなかには、皇族の梨本宮守正王《なしもとのみやもりまさおう》も入っていた。彼らは巣鴨プリズンに収容される。

翌年一月一九日、マッカーサーは極東国際軍事裁判所の設置を命令する。「平和に対する罪または平和に対する罪をふくむ犯罪」が裁かれることになった。連合国各国の検察陣が来日する。オーストラリアは天皇起訴の方針だった。ソ連も同様の方針であることが予想された。日本の戦争責任をめぐる連合国側の態度はきびしかった。

他方で一月四日に占領当局は公職追放令を発する。追放の範囲は広く、幣原内閣の五閣僚も該当すると報じられた。幣原内閣は一月一三日に内閣改造を余儀なくされる。

主な政党政治家が追放されるなかで、「粛軍演説」(一九三六年)と「反軍演説」(一九四〇年)で著名な斎藤隆夫は大丈夫だった。戦時中、沈黙を強いられたリベラルな言論人の馬場恒吾も同様である。将校クラスの軍人の大部分が追放されたのに対して、何人かは免れた。飯村もそのひとりである。山室と八木はそれぞれの組織(財閥系企業と技術院)における戦時体制に対する消極的抵抗者だった。戦時体制に関連してできるかぎり「手が汚れていない」人物が部会長の地位に就いた。

副総裁のポストには六月一四日に芦田《あしだ》均《ひとし》(衆議院議員、日本自由党)が就任する。幣原、吉田、芦田の外交官出身の三名が戦争調査会に関与することになった。戦争調査会は一九二〇年代の国際協調の時代において体制の側にあった政治勢力の復活の現われだった。

**全国津々浦々の調査**

事務局内の五つの調査室には常勤職員の調査官と嘱託が配置されて、内閣事務官とともに調査に当たることになった。

調査の出張先は北海道から九州まで全国津々浦々である。たとえばある嘱託は二月八日から一二日間、北海道と宮城県へ出張している。主な用務は北海道帝国大学と東北帝国大学の教授の意見聴取と資料収集だった。

あるいは別の内閣事務官は五月九日から一一日間、福岡と熊本に出張し、両県に所在する沖縄県事務所を訪れている。沖縄県からの引揚者に対して、戦時中の沖縄の情況を聴取することが目的だった。

事務局の出張関係書類のファイルによると、用務は三つに大別される。

第一は委員の就任内諾交渉である。一例を挙げる。ある調査官が二月一日から四日間、名古屋に出張している。柴田《しばた》雄次《ゆうじ》名古屋帝国大学教授（化学専攻）に委員就任の内諾を得るのが目的だった。柴田は三月一六日付で第五部会（科学技術）の委員に就任する。

就任内諾交渉に失敗した例もある。それがほかならない若槻の場合だった。二月一五日に青木長官が自ら若槻を訪問する。幣原は青木に依頼していた。「君、若槻さんを訪ねて諾否何《いず》れかを質《ただ》し、若《も》し不承諾のようなら君から改めて御依頼をして来て呉《く》れ」。しかし青木の説得は不首尾に終わった。

第二は広範囲の資料収集である。たとえばある嘱託は七月二三日から六日間、愛知県内の高等女学校、中学校、高等師範学校、国民学校を訪れている。歴史教育資料と教科書の収集が目的だった。新潟県に赴いたある内閣事務官は、国内油田開発に関する資料収集をおこなった。戦争末期、南方からの航空機用燃料の輸送が困難に陥った。国内油田の開発が急務となる。それにもかかわらず生産実績は進捗しなかった。原因を探究する資料が必要だった。

第三は本格的な調査報告の作成である。たとえば二月に長野県に出張したある調査官は、「飯田町を中心とする下伊那郡に於ける中小工業に関し戦時中の運営状況並《ならび》に之に対する統制実施状況調査」をおこなった。調査官は調査の結果を翌三月の報告書にまとめた。この調査報告は戦時下の中小工業の実情に関する第一級の分析を展開している。のちにあらためてこの調査報告書を取り上げることにする。

事務局の書類ファイルで確認できるだけでものべ四〇人が出張している。戦争調査会はこのように大がかりな調査が下支えする各部会によって構成されていた。戦争調査会が大規模な組織になったのは、さきの青木の回想を再引用すれば、政府側の考えが「相当強固なもの」だったからである。

政府の強固な意志は本当だった。前年一〇月三〇日の閣議決定は「政治、軍事、経済、思想、文化等凡《あら》ゆる部門に亘《わた》り徹底的調査に着手せむとす」と宣言している。

ここに戦争調査会の体制は整った。本格的な議論は三月二七日の第一回総会から始まることになる。

徳富蘇峰（国立国会図書館蔵）

### 「さしたる期待すら持ち得ない」——戦争調査会への批判

ところが新聞の論調は戦争調査会の役割に消極的だった。たとえば『読売報知新聞』の社説（一九四五年一一月二九日）は、戦争調査会が「ほんの申訳的に」、日本の敗戦の責任を問おうとしていることを疑問視して、「何故に侵略戦争を開始したかという戦争挑発の責任」を問題にすべきだと述べている。

あるいは『朝日新聞』の社説（一九四五年一二月二日）が断言している。「政府の企図する戦争調査に対して、われらは固《もと》よりさしたる期待すら持ち得ない」。この社説は「政府の人選ぶり」が気に食わなかった。この人選では戦争調査会の公正性・中立性が損なわれると考えたからである。

新聞とは異なる立場から戦争調査会を批判したのが戦前の言論人で戦犯容疑者になる徳《とく》富蘇《とみそ》峰《ほう》である。徳富はこの年の一一月二六日に記している。「元来米国その他連合国側が、戦争犯罪人を云々するは、本来敵国側であったから、不思議はない」。しかしながら

「我が国民までが、戦争犯罪人を云々し、更に当局者が、その吟味者となるに至っては、極めて意外千万の事と、いわねばならぬ」。徳富にとって、負けた側が勝った側の裁きを受けるのは仕方がないとしても、負けた側が負けた側を裁くことは論外だった。

戦争調査会はこのような国内社会の無理解、誤解、消極的な反応、批判のなかで、出発する。

## 第一回総会の開催

戦争調査会は総会、五つの部会（必要に応じて連合部会を開催）、部会長会議（各部会の連絡調整）と参与会議の四つのカテゴリーの会議体によって構成される。

総会は最高意思決定機関の位置づけで、目標・方針・方法などが審議の対象だった。第一回総会は一九四六年三月二七日に総理大臣官舎において開催される。

第一回総会が開催された当時、国内状況は大きく変動していた。同月六日、政府が主権在民・象徴天皇・戦争放棄を定めた憲法改正草案要綱を発表すると、マッカーサーは承認する旨の声明を出す。マッカーサーが憲法で天皇制の存続を認める以上、五月に開廷予定の東京裁判で天皇が訴追される可能性はなくなった。総会における議論も天皇制の存在は暗黙の前提だった。

第一回総会における発言者は発言順に、青木、幣原、渡辺銕蔵《わたなべてつぞう》（元東京帝国大学教授）第三部会委員、八木第五部会長、松村義一《まつむらぎいち》（貴族院議員）第一部会委員、馬場恒吾第四部会長、富塚清《とみつかきよし》（東京帝国大学教授、機械工学専攻）第五部会委員の以上、七名である。

議論の展開を再現する前に、彼らが戦争調査会に何を託したのか、渡辺と松村の意見を引用する。

渡辺の期待は大きかった。「此の調査会に於きまして凡ゆる方面から検討を加えられて、極く完全な開戦の原因或《あるい》は敗戦の原因等を精神の方面或は物の方面から将来に残すような立派な資料を作り上げて戴《いただ》きたい」。渡辺は戦争原因を追究する包括的な資料の作成を求めた。

松村はより直接的な表現で、どこにおもねることもなく、調査すべきである旨、強調して述べている。「一切のことに遠慮せず、真直ぐに、極めて純粋に調査を御願い致したい」。松村は占領当局への気兼ねや国内社会への政治的な考慮を排して、客観的な調査を求めた。

**幣原の強い意志**

総会の議論を主導したのは幣原である。幣原は冒頭、三つの基本方針を打ち出す。

第一に戦争調査会は「永続的性質」を帯びている。

第二に戦争犯罪者の調査は「別に司法機関とか或は行政機関」が担当すべきである。

第三に歴史の教訓を後世に遺し、戦後日本は「平和的なる、幸福なる文化の高い新日本の建設」に邁進《まいしん》すべきである。

第一は幣原の決意にもかかわらず、すでにみたように、首相の幣原が戦争調査会の総裁を兼務するという中途半端な結果になった。

第二は戦争犯罪者の責任追及を回避しようとしたのではなかった。次田内閣書記官長の日記によると、当時の政府には戦争犯罪者を処罰する立法措置（「戦争責任裁判法」）の検討が「宿題」になっていた。

次田は前年一一月五日に芦田厚相からの注意もあり、岩田《いわた》（宙造《ちゅうぞう》）司法相と「戦争責任裁判法」に関する協議をおこなっている。その際に岩田は言った。「前内閣時代戦争犯罪人を我国に於て裁判することに付、お上の御許しを得たるも、内閣更迭により其儘《そのまま》になりたり」。次田は記す。「此話は総理の耳に入れて置かねばならぬ」。次田は一一月七日の日記にも「宿題　戦争責任裁判法の制定」とメモ書きしている。

政府がこのような立法措置を考えなければならないほど、国民世論は戦争責任の追及に急だった。なかでも軍人が非難された。九月一一日に逮捕状が出ると東条英機は自殺を試みたものの、未遂に終わった。戦時中、東条と親しかった言論人の徳富蘇峰は冷笑した。「東条も今一発射つ位の、余裕はあってしかるべきである」。軍人が処罰されるのは当然のような敗戦国日本の社会状況だった。

以上の文脈を踏まえて、幣原は戦争犯罪者の責任追及とは異なる役割を与えて、戦争調査会とは「政治、軍事、経済思想、文化等、凡ゆる部門に亘りまして徹底的の調査を行わんとするものであります」と説明している。

この挨拶文の下書きは青木が作成した。「平和的なる、幸福なる文化の高い新日本の建設」の一節に対応する下書きの一節はつぎのとおりである。「自暴自棄に陥ってもいけませぬ、此の難局に遭遇して毅然たる態度を以て泰然自若として……」。原文の形をとどめないほど全面的に書き直されていることがわかる。平和国家としての日本の再建は、幣原の強い意志が打ち出した基本方針だった。

つづいて青木は戦争調査会の規程や議事細則を朗読したあと、総会の議論を待たずに事務局が「準備的予備的調査」を開始していることに了承を求める。調査が先行することは「穏当を欠いて」いた。しかしこれ以上、時間を空費することは許されなかった。

## 「なすべからざる戦」――自由主義者・渡辺銕蔵

つぎに青木は調査の目標、方針、方法をめぐって、渡辺銕蔵に発言を促す。

渡辺銕蔵（一八八五年生まれ）は、東京帝国大学経済学部教授ののち、日本商工会議所理事に就任している。一九三六年には立憲民政党の国会議員になって、軍部と右翼勢力を批判する論陣を張った。しかし翌年の総選挙で落選する。その後は反ナチス運動に加わり、自由主義者の立場を貫いたものの、敗戦の前年に戦局批判発言で投獄され、懲役一年・執行猶予三年の判決を受けている。青木はこのような経歴の渡辺が議論を活性化することに期待したにちがいない。

突然の指名に渡辺は困惑する。それでも幣原総裁の三つの基本方針に賛同しつつ、渡辺は単刀直入に持論の展開を始める。

渡辺は戦争が起きたのは「約十年も前から薄々感付いて居りました」と言う。渡辺の戦前・戦時中の経歴に照らせば、この発言は後知恵とはいえないだろう。

さらに自由主義者＝渡辺は断言する。「私は此の戦は理由のない、なすべからざる戦を致したと思うのであります」。戦時中に投獄された経歴を持つ渡辺には、つぎのように断罪する権利がある。「斯様《かよう》な誤った戦を強い、国民を塗炭《とたん》に苦しめ、隆々たる国運を失墜致したのみならず、世界に対して大変な迷惑を与えたと思うのであります」。

渡辺は「指導階級は勿論《もちろん》、国民」も反省すべきとの立場だった。政府から追及を免れている「戦争の真の責任者」がいるとも指摘している。それにもかかわらず、戦争調査会は戦争犯罪者の責任追及を目的としないとの幣原の基本方針に賛同する。戦争犯罪者の戦争責任の追及は「司令部の方面」で進行中であり、また「必要とあらば司法其の他の方面」で進めればよかったからである。

## 一九二〇年代への回帰

大規模な国際軍事裁判が始まろうとしていた。対する戦争調査会は何をするのか。東京裁判のミニチュアを作る必要はなかった。戦争調査会は東京裁判が追及する戦争責任とは異なる戦争責任の追及が目的だった。事務局が一九四六年一月九日に作成した「戦争調査会設置経緯」はつぎのような基本方針を掲げている。「戦争責任は、マッカァサーの云う戦争責任と範疇《はんちゅう》を異にすること即ち戦争を挑発し、起し、拡大遷延せしめた責任は共通であるが戦争を傍観し敗戦を拍車した者の責任も問わるべきこと」。戦争調査会は傍観者の不作為の責任まで追及する意気込みだった。

他方で幣原が天皇の訴追を免れ、天皇制の存続に賭けていたことはまちがいない。幣原内閣の下で、この年の元日、のちに「人間宣言」と呼ばれることになる「新日本建設に関する詔書」が発布される。翌二月からは天皇の全国巡幸が始まる。

国民の天皇制支持は明確だった。これまで何度も引用されるこの年一二月四日付『毎日新聞』に掲載された世論調査の結果は、「天皇制支持」九一パーセント、「天皇制反対」九パーセントだった。ただし「天皇制支持」のなかでも「現状のままを支持」は少なく、「政治の圏外に去り民族の総家長、道義的中心として支持」がもっとも多かった。このような国民世論を背景に、「人間宣言」は発布され、天皇の全国巡幸が始まった。

巡幸する昭和天皇

幣原にとって戦後日本が回帰すべきは一九二〇年代の「デモクラシー」と協調外交の日本だった。別の言い方をすれば、第一次世界大戦後の日本は、政党内閣と軍縮・平和外交の立憲君主国だった。幣原は二度、政党内閣における外交官出身の外相を務めてワシントン、ロンドン両海軍軍縮条約の締結に当たった。中国に対しては内政不干渉主義の下で経済提携を進めた。幣原は日本の平和的発展をめざした。幣原にとって日本の平和的発展を阻害したのは軍部だった。その軍部が敗戦によって強制的に排除されれば、一九二〇年代の「デモクラシー」と協調外交の日本が復活する。戦後の日本は戦前と同様の立憲君主国だった。

幣原が憲法改正に消極的だったことはよく知られている。幣原にとって悪いのは戦前の帝国憲法そのものではなく、帝国憲法の下での政治の運用だった。戦後の日本は帝国憲法の下で「デモクラシー」と協調外交を展開した立憲君主国に戻ればよかった。

幣原内閣は一九四五年一〇月一三日の閣議で、憲法問題調査委員会の設置を決める。委員長の国務大臣松本烝治《まつもとじようじ》は委員会の目的を憲法改正ではなく、改正が必要か否か、必要ならば何を改正するかを示すことだと考えた。松本委員会が憲法改正に抵抗し先延ばしをめざしたことは明らかだった。

しかし占領当局の考えはちがった。憲法を改正しないで済ますことはできなかった。幣原は吉田外相や松本委員長とともに、帝国憲法の最小限の修正に応じざるをえなくなったとの認識を共有する。

それでも天皇制の存続に対する旧連合国側の態度はきびしかった。象徴天皇制として天皇制の存続を図る代償として、幣原は憲法改正による戦争放棄を受け入れる。天皇制が存続しても、戦争を放棄したのだから、日本がふたたび戦争を引き起こすことはない。旧連合国側にこのように説明できるからだった。

### 戦争責任をめぐる論戦

つぎの発言者＝松村義一（貴族院議員）第一部会（政治外交）委員はあらためて戦争責任問題を提起する。一八八三（明治一六）年生まれの松村は内務官僚出身で、第二次若槻内閣の商工政務次官を務めた経歴に示されているように、憲政会・民政党系の人物である。幣原とともに第二次若槻内閣を支えた松村は、意外にも幣原を批判する。

第一回総会における松村と幣原の議論の前に、二人は貴族院で論戦を展開している。敗戦の年の一二月一日のことである。

松村は幣原に問い質す。「政府は此の際取り急いで敗戦の原因を取調べ、其の責任者を究明、処断するが為に、特に法律を制定して特別裁判所を設置せらるるの御考はないのでございましょうか」。

幣原は否定する。「爾後に法律を制定して既往に遡及して適用すると云うことは、少くとも刑事関係に於きましては許されない思想であると考えます」。次田にとって「宿題」だった「戦争責任裁判法」に対する幣原の答は、すでに出ていたようである。幣原は事後立法による法律の遡及的な適用を受け入れることができなかった。東京裁判に対する原理的な批判に通じる幣原の考え方だった。

松村は「大変失望を致しました」と言いながら、批判を続ける。「誠に失礼でございますが、私は怯懦《きようだ》であると思う」。

こうまで論難されて、幣原としても黙ってはいられなかった。「私は決して戦争責任の重大性を否認する者ではありませぬ。此の戦争の為に、日本国民の全部が如何《いか》に悲惨なる状況に陥って居るかと云うことは、私は何人《なんぴと》よりも最も痛感して居る者の一人であります」。戦時中、生死不明とされた幣原のことである。幣原にはこのように言う権利があったにちがいない。

論戦の舞台は戦争調査会の第一回総会に移る。

松村はここでも個人の戦争責任を追及すべきであるとの自説をくりかえす。「戦争責任のことに付《つい》ては自らそう云う方面に進んで行くと云うことを考えて遠慮なく調査なさって戴きたい」。

幣原は拒絶する。個人の戦争責任を問うということになれば、「裁判所のようなものを開いて其の人を審理すると云うことになりますから、此の会ではそう云うことは出来ない」からだった。

幣原は戦争調査会の役割を確認する。「此の会は司法的の機関とか行政上の機関と云うものでないことは、是は能《よ》く御諒解を願って置きたいと思うのであります」。

議論は平行線を辿《たど》る。結論は出なかった。しかし戦争調査会は幣原が示す方向に進んでいくことになる。

## 「簡単に避けられた」――アメリカ化の影響

第一回総会で異彩を放っていたのが渡辺銕蔵である。戦争は不可避だったのか。この問題に対して渡辺は答えて言う。「私共は簡単に避けられたと思うのであります」。渡辺の議論の仕方で注目すべきは、政治外交の観点ではなく、「思想、文化の中で」回避可能だったと主張している点である。渡辺の示唆するところは何か。第一次世界大戦後の日本において、「デモクラシー」思想が台頭した。「デモクラシー」思想とはより正確にはアメリカのデモクラシー思想である。アメリカのデモクラシー思想は日本の国内政治体制に影響を及ぼす。政友会と憲政会・民政党の二大政党制が確立する。さらにアメリカのデモクラシー思想の流入はアメリカの大衆消費文化をともなっていた。日本の思想と文化のアメリカ

渡辺銕蔵（毎日新聞社提供）

化を前提とすれば、戦争は「簡単に避けられた」。渡辺はそう言っている。

今日の研究水準に照らせば、日米戦争は直前まで回避可能だったことが明らかになっている。しかしそれは外交史・国際政治史の知見である。思想史や文化史の観点からは日米対立の方が強調される。対する渡辺はこの観点からも戦争回避の可能性を指摘していた。

## 一九三〇年代はブロック経済だったのか？

もう一つ、渡辺のつぎの発言も注目に値する。「『オッタワ』会議とか、英帝国経済『ブロック』会議で日本をいじめるとか云う風なことが、私共から見ますと正反対と云っても宜《よ》いような誤解があるのであります」。

一九三〇年代の世界恐慌下、たとえば英連邦諸国の特恵関税ブロックのように、各国はブロック経済体制を敷いていた。ブロック経済から締め出され、国際的に孤立した資源小国日本は、戦争に至る。このような普通の理解に対して、渡辺は異を唱える。「正反対」とまで言っている。

「正反対」とはつぎの二点を示唆する。一つは日本がブロック経済ではなく開放的な通商貿易体制の国だったことである。もう一つは日本の方が世界経済のブロック化に挑戦していたということである。

実際のところ一九三〇年代の日本は、保護主義に反対して通商自由の原則を掲げ、輸出を拡大していた。東アジアの経済ブロックに閉じこもることなく、アフリカや中南米などの地球の反対側にまで、市場の開拓を進めていた。日本の集中豪雨的な輸出は経済摩擦を引き起こすほどだった。数字を挙げる。日本の輸出は金額ベース（と数量ベース）で一九二八年を指数一〇〇とすれば、つぎのようになる。一九三四年一一〇・一（一六三・四）、一九三五年一二六・七（一八五・三）、一九三六年一三六・六（二〇二・五）、一九三七年一六一・〇（二一〇・七）。別の数字もある。一九三三年前期の輸出額を前年同期と比較すると、日本は中米で二四〇パーセント、南米で二二〇パーセントの急激な増加だった。

英連邦諸国内からは「日本脅威」論が台頭するまでに至る。渡辺の言うとおり、事実は「正反対」だった。

渡辺の指摘は近代日本の国際通商秩序をめぐるつぎのような研究動向と符合する。「これまでの通史的理解にみられたような、通商的相互依存関係の希薄化によって、三〇年代の日本は国際的に『孤立』化を余儀なくされたわけではなかった」。なぜならば「ヨーロッパ本国の対アジア植民地経済『ブロック』化政策は、日本にたいして徹底的に『排他』的であったのではなく、むしろ日本製品の輸入取引を追認し、植民地の第一次産品の対日本輸出拡大を希求する点で、『開放』性を有していたのである」（籠谷直人『アジア国際通商秩序と近代日本』)。

以上要するに、渡辺は一九三〇年代のブロック経済に関して先駆的な理解を示していた。経済学者としての高度な専門知識を持っていたことを割り引いて考慮しても、渡辺の先見性は評価されるべきだろう。渡辺の指摘を踏まえれば、一九三〇年代の世界経済のブロック化にもかかわらず、日米戦争は回避可能だったことになる。

### 馬場恒吾対幣原喜重郎

第二回総会は四月四日に開催される。開催に当たって幣原は、議題を設定する。議題は「調査の目標方針及方法」だった。

最初に発言したのは松村である。松村はここでも自説をくりかえす。「戦争責任を日本内部で十分に糾弾、追及をすると云うことは私は必要だと思う」。松村は遺憾の意を表する。「現内閣の御考えでは、戦争責任の追及はしないと云う御考えのように見えることは私は極めて遺憾に存じて居ります」。

対する幣原の答はこれまでのくりかえしではなかった。「一つ御注意を願って置かなければなりませぬことは、今日対外関係に於きまして極めて機微なるものがありまして……列国は注意深い眼を以て見て居ります」。外交官出身にふさわしく幣原は対外関係に注意を向ける。戦争調査会は国際監視下に置かれていた。連合国に誤解を与えてはならなかった。東京裁判が開廷されようとしている時に、戦争調査会が司法手続きのようなことをするのは控えるべきだった。

つぎに発言したのは馬場恒吾である。馬場恒吾（一八七五年生まれ）は「二十世紀前半の半世紀を生き抜いたジャーナリスト」として知られる。戦前は政党政治への期待を持ちつづけ、戦時中は沈黙を余儀なくされた自由主義者である。戦争調査会の総会に出席した当時、馬場は戦後最初の労働争議（読売争議）の渦中にいた。戦前の自由主義者は戦後の権力者になっていた。

馬場恒吾（国立国会図書館蔵）

敗戦原因の追究を戦争調査会の目的とする考えに対して、馬場は挑発する。「敗戦の原因と云うのは、戦争を始めたから敗戦したのだろう」。馬場は疑問を投げかける。「戦争を始めた其事自身が間違って居るのではないか」。馬場は断言する。「日本が始めたのが悪い」。このような立場からすれば、敗戦の原因を調査するということは、「死んだ子の年を数えるようなこと」で、無意味になりかねなかった。

それでも調査をするのであれば、「戦争と云うものの価値、或は不価値、或は役に立たぬと云うこと」を明らかにすることが目標になるべきだった。

幣原は反論する。「戦争をすれば必ず負けると決まったものではない」。幣原は現実主義者である。敗戦直後であれば誰でも不戦の誓いを立てる。しかし二〇年、三〇年経てば、「もう一遍戦争をしよう」と考えるようになるかもしれない。その時、なぜ日本は戦争に敗けたのかを調査した記録があれば、その記録は「非常に価値のある有益なる参考書類」になるだろう。幣原はそう考えた。

前月に政府は憲法改正草案要綱を発表している。この政府案は大日本帝国憲法の小幅な改正に留まっていた。主権は天皇にある。閣僚権限が強化される一方で、縮小されるものの天皇大権は残る。このような新憲法の下であれば、幣原が日本の再戦の可能性を否定しないのも当然だろう。そうだからこそ戦争調査会の調査が必要だった。

幣原の反論にもかかわらず、馬場に同調する者がいた。渡辺である。「戦争を始めれば即《すなわ》ちそれは敗戦だ、言葉を換えて申せば、爪の垢程も勝つ見込はないのだ、斯様に確信致して居ったのであります」。

そうだからといって、渡辺は調査それ自体を否定はしない。敗戦の原因を調査すれば、国民も納得がいくはずだったからである。

## 三つの基本方針

渡辺は戦争責任を軍部に求める。渡辺は軍部を冷笑する。「あの戦争が済みましたならば、二重橋前に数十名、或は数百名の者が並んで自決する、斯《こ》う云うことが必ず起るだろうと思って居ったのであります」。しかし事実はそうならなかった。

対する幣原は渡辺や馬場の意見に対して異論を展開する。「実は単に戦争の始まった当時でなくして、もう少し前に遡って研究しなければならぬと私は思います」。幣原は理由を述べる。「軍部の人達が何時《いつ》も開戦論者であると思うのは私は間違いではないかと思います」。幣原は例を挙げる。第一次世界大戦時、イギリスが日本に参戦を求めた。しかし陸軍は断った。

幣原の議論は続く。第一次世界大戦後、軍縮の時代が到来する。「軍隊なんてものは余計なものだ」。世の中の風潮は激変する。このことが軍部の「非常に神経を刺戟《しげき》して、不穏の情勢」を生んだ。幣原はここに満州事変勃発の起源を見出す。別の言い方をすれば、第一次世界大戦が遠因となって、満州事変は勃発した。幣原はそう考えた。

第四部会（思想文化）委員の阿部真之助《あべしんのすけ》（毎日新聞社取締役）は、大正から昭和戦前期にかけて『東京日日新聞』などで活躍した舌鋒《ぜっぽう》鋭い自由主義者の言論人である。のちにＮＨＫ（日本放送協会）会長にも就任している。阿部は戦争責任問題に関連して、当時の国民感情を巧みに表現する。「此の戦争は悪くなかった、敵が悪いのだけれども、負けたから、皆悪いことを日本が背負って居るのだ、と云うことで、本当に後悔して居る人が極めて少い」。阿部にとってはこのような国民感情を改めることが調査の目的だった。阿部は幣原に求める。「此の調査は成るべく大勢の人に成るべく早く見せて、実に我々はくだらない戦争をしたと云うことを徹底させる必要がある」。

幣原は公表に前向きで、調査結果を刊行物にして「一般に売り拡める」と答えている。

議論の方向をまとめる発言をしたのが第四部会委員の渡辺《わたなべ》（幾治郎《いくじろう》）元京都帝国大学教授（日本史専攻）である。『明治天皇紀』の編修に携わったことで知られる渡辺は、この年三月五日に尾崎行雄《おざきゆきお》らとともに憲法改正草案を発表している。

渡辺は言う。戦争調査会の「調査の目標方針」は戦争原因の追究であり、「成べく至急」おこなう。調査は「個人として感情的に」おこなうのではなく、「白紙の下に進んで」いく。「方法」は各部会に調査を委ねるだけでなく、連合しておこなうこともある。

以上、二回の総会をとおして、「調査の目標方針及方法」をめぐって、形式手続き上の合意形成には至らなかったものの、幣原の主導によって方向は明確になった。その方向とは何か。

第一に戦争調査会は戦争原因の追究をめざす。個人の戦争責任の追及はおこなわない。戦争調査会は戦争に向かった近代日本の構造分析を志向していた。

第二に調査結果は戦後の平和国家の建設に役立つものとする。憲法が改正されても、日本はふたたび戦争をするかもしれない。このような幣原の現実主義が調査の重要性の強調につながっていたことに注目しておきたい。

第三に調査は多様な手法によっておこなわれる。ただし国際監視下での調査活動であることに幣原は注意を喚起している（幣原の注意喚起は戦争調査会の運命を決めることになる）。

戦争調査会は以上の三つの方針の下で活動を始める。

# Ⅱ章　戦争調査会は何を調査するのか？

## 「未だ部会開催に至らず」――第一回部会長会議

第一回部会長会議は、東京裁判の開廷の日と同日の一九四六（昭和二一）年五月三日に内務省五階会議室で開催される。国内社会の緊張が高まるなかで、議論は始まる。部会長会議は各部会の連絡調整と重要事項の審議を目的として設置された。部会長会議はのちに総会の機能を果たすようになる。

最初に各部会から審議経過が報告される。第一部会（政治外交）の斎藤隆夫部会長・大《おお》河内輝耕《こうちきこう》（貴族院議員）委員は四月一六日に第一回部会を開いて、資料収集に努めることと、野村吉三郎《のむらきちさぶろう》元駐米大使の講演があった旨、報告した。

第二部会（軍事）の飯村穣（元憲兵司令官、陸軍中将）部会長・戸塚道太郎《とづかみちたろう》（元横須賀鎮守府長官、海軍中将）からは「未だ部会開催に至らず」との報告があった。第二部会委員に予定されていたのは、飯村と戸塚以外に、矢野志加三《やのしかぞう》（元海軍総隊参謀長、海軍中将）・宮崎周一《みやざきしゅういち》（元参謀本部第一部長、陸軍中将）・上月良夫《こうづきよしお》（元第一七方面軍司令官、陸軍中将）・三戸寿《みとひさし》（元海軍次官、海軍中将）・前田稔《まえだみのる》（元第一〇航空艦隊長官、元海軍中将）である。東京裁判が始まるなかで、陸海軍関係者を委員とする第二部会の開催は困難だった。

委員のなかから複数の部会のあいだで連合部会を開催したい旨の要望が出される。青木長官が答える。「軍人が政治に干与した事が深い関係がある」。青木は宇垣一成《うがきかずしげ》のヒアリングを希望したもののかなえられず、代わりに宇垣の側近の林弥三吉《はやしやさきち》陸軍中将に、第一・第二部会の連合部会として、ヒアリングを実施したい旨を提案し、各委員の賛成を得る。林へのヒアリングは五月六日に実現する。

以上の報告ののち、調査と審議の方法などをめぐって、自由討論がおこなわれる。大河内委員が注目すべき発言をする。「支那に対し武力解決をやろうとしたのは始めから間違である。凡ゆる方面から日本は諸外国に、特に米英には問題でなかった」。ここに指摘されている日中戦争と日米英戦争の回避可能性は、大河内の特異な意見ではなく、戦争調査会の議論の基調になっていく。

飯村穣

**資料の公募——第二回部会長会議**

第二回部会長会議（六月一一日開催）の議事録を読むと、資料調査の方法で「公募」との記載が目を引く。具体的には新聞やラジオをとおして、つぎのように公募することが想定されていた。「『戦争の原因、敗因並に実相について未だ世に知られていない事実』を知っている向《むき》はそれを同会〔戦争調査会〕に通知してその業務に協力して貰いたい」。資料の送付先は「東京都麴町区霞ヶ関一ノ二　内閣戦争調査会事務局」で、匿名でも可、ただし問い合わせることがあるので、住所氏名の付記を求める、となっている。この大胆な資料収集の方法をめぐって、部会長会議が議論を展開することになる。

各部会の調査項目の原案は第四部会以外のすべての部会が提出している。各部会の調査項目の決定事項はこの章の末尾にまとめる。

当初、部会長会議は毎月第二火曜日開催が予定されていた。しかし斎藤第一部会長の要望によって、水曜日に変更される。斎藤の日記で確認すると、斎藤の戦争調査会の会議への出席率は高く、積極的な姿勢だったことを推測させる。他方で斎藤は国務大臣の座に就いていた。毎週火曜日は閣議である。それゆえ変更となった。

斎藤が国務大臣になったのは、幣原内閣のつぎに、吉田〔茂〕内閣が成立したからである。内閣の交代によっても戦争調査会はつづく。総裁も幣原で交代しない。戦争調査会の重要性に疑問の余地はなかった。

## 駐兵問題と和平工作

第二回部会長会議の議論を主導したのは、幣原の意を体《てい》した青木長官である。青木は第一次世界大戦後から敗戦までの長い期間を対象とする原因の追究を強調する。青木はより具体的に日中戦争における駐兵問題をめぐって日中国交調整が遅延したことと、この問題をめぐる日米間の意見の不一致に開戦原因を見出している。日中戦争は始まりから終わりまで、ほぼ全期間をとおして、和平工作が試みられた。和平条件でもっとも重要だったのが駐兵問題だった。戦争終結後、日本は中国にどのような地理的範囲と期間において駐兵をつづけるのか。日中間の合意形成は難航した。和平工作は行き悩んだ。よく知られているように、開戦回避のための日米交渉が最終段階で暗礁に乗り上げたのは、日本の中国からの撤兵問題である。青木の指摘は適切だった。

青木はさらに四点を指摘する。

第一に「大東亜共栄圏の理念というものが果して正しいものであったかどうか」。青木は「大東亜共栄圏」の理念に懐疑的だった。青木にとって虚構の「大東亜共栄圏」こそ「敗戦の原因を批判する上において必要なる問題」にちがいなかった。

第二に「占領地植民地における行政は果して良く行っておったか」。虚構の「大東亜共栄圏」の下での行政が正しく機能するはずはなかった。

第三に日独伊三国同盟の強化が「敗戦の原因ではあるまいか」。青木にとって「枢軸国家に依存」したことが敗戦の原因だった。

第四に日ソ国交調整の遅延がソ連参戦を招いたのではないか。対枢軸国接近はソ連を遠ざけた。その結果、避けられたはずのソ連の対日参戦が現実のものとなった。

以上の論点は重要な調査項目になる。

調査の仕方をめぐって山室第三部会長が発言する。「我々は虚心坦懐にやります。戦争を弁護もせず、非難もせずにやる積りであります」。

青木は不満だった。「戦争を起したのは大変な間違いであるのだ。そういう意見があることをどうかお含みおきを願いたいと思います」。青木は第一部会の議論に言及しながら、軍部の責任を追及しようとする。「他国の侵略を防ぐために軍備を拡張するのである」。しかし「余り軍備を拡張すると、それが却って戦争に導くのだ」。

## 「公募」の結果

「公募」による資料調査に対しては異論もあった。事務局からは「宣伝をしているというような非難もしくは感じを与えやしないか」。柴田（雄次）委員も同調する。「一つ間違うと、えらいインチキが出てくると思う」。青木は答えて言う。「余程慎重にしないと出鱈《でたら》目《め》があるかも知れません」。それでも「公募」はおこなわれることになる。

のちになって戦争調査会に送られてきた資料は、案の定というべきか、役に立つものは少なかった。七月一八日付で愛媛県松山市から届いた資料は、「日本民族の血液を論ず」と題する三四頁の書簡だった。この書簡は題名が示すように、支離滅裂な内容で、日本人の血液が敗戦の原因だから血液を造る飲食を改善すべきだなどと述べている。山梨県からのある人物の書簡は、「専守防禦《ぼうぎょ》、即ち遊撃戦を事とせる作戦」の失敗を敗因に挙げている。文章の論理的な一貫性はあるものの、素人が自説を述べたに過ぎず、史料的な価値はゼロだった。国民は東京裁判の成行きを注視していて、自らが史料を提供するのは後回しであったり、関心が失われたりしたものと想像される。

## ラジオ番組「真相箱」

この会議において調査の仕方に関連して、柴田が質問している。「つまらないことを伺いますが、近頃ラジオで実相箱というので、相当長いのをやっておりますが、あれは皆さんから伺われて、相当真相を穿《うが》ったものでありますか。向うから出るだけのものですか」。宮崎(周一)委員の答は素っ気ない。「あれは向うが調べたものでございますね」。矢野(志加三)委員も同様だった。「今日已《や》むを得ず実相として言っているのでしょうけれども、我々専門家から見ると、大分違っているところがあるように思います」。

あらためて宮崎が言う。「丁度あれを発表している時期といい、目的から考えて見ますれば、どんなようなものだろうかということは、大体の見当はつく訳ですが、さてそれを反駁《はんばく》をしたり、訂正をしたりする立場にたっておりません」。

以上の議論を理解するには補足説明が必要である。柴田の質問のなかにある「実相箱」とは、ラジオ番組の「真相箱」のことである。敗戦の年の一二月九日から翌年二月一〇日まで一〇回、ラジオ番組「真相はこうだ」が放送された。「真相箱」はこの番組の後継で一一月二九日まで放送されている。毎週九〇〇から一二〇〇通もの投書が寄せられた「真相箱」は、その質問に「我々」＝「日本」が主語になって答える形式になっていた。

「真相箱」は「真相はこうだ」とともに、GHQの日本人「洗脳計画」と極論されることがある。戦勝国が敗戦国に対して戦争観を教え諭す。あるいはGHQによる占領政策のプロパガンダだったことは疑問の余地がない。

軍人出身の宮崎が見抜いていたように、東京裁判が始まるなかでのラジオ番組の目的は、日本の軍部の責任追及だった。戦争調査会は東京裁判に楯突く訳にはいかない。宮崎の言うことはもっともだった。

それでも柴田は宮崎に問う。「ああいうものも若干参考になりますか」。宮崎は答える。「向う側が発表する戦時資料は、当然作戦用兵上に関しても、その他の部門に関しても、研究の対象になると思います」。宮崎はアメリカ側の軍事情報に関する有用性を認めた。

「真相箱」の前の「真相はこうだ」はベートーヴェンの「運命」をオープニング曲として始まる。真相暴露型の番組は、GHQの意図とは異なり、「洗脳」できたとは限らず、反感を持つ視聴者も現われ、脅迫状が届くことすらあった。

それゆえ「真相箱」の方は露骨な暴露よりも客観的な事実を装うようになった。

たとえば一九四一（昭和一六）年一二月八日の真珠湾攻撃の「真相」の説明を求められて、つぎのように答えている。「我が攻撃は全く何らの反撃に遭うこともなく行われたのであります。我が攻撃は迅速且《か》つ猛烈を極め、二時間の間にアメリカ太平洋艦隊とハワイの陸軍航空隊全部に甚大なる損害を与えました」。この表現からわかるように、真珠湾攻撃＝日本の「卑怯《ひきよう》なだまし討ち」と非難するニュアンスはない。日本の奇襲攻撃の成功を客観的に確認している。

あるいは硫黄島玉砕の「真相」を問われて、「真相箱」はつぎのように答えている。「敵は我が守備隊を制圧することは出来なかったのです。……戦闘は激甚を極め敵味方ともに莫大な数の死傷者を出し、硫黄島の火山灰は、ために赤く染ったのであります」。アメリカ側の一方的な勝利と言わないこの記述は「真相」に近かった。

柴田は「ちょっと素人聴きにも面白いと思うところもあるし、また一方的だなと思うところもあります」と言っている。柴田の感想はこの番組の聴取者の平均的な感想だったのではないか。「洗脳」であることをわかったうえで、とくにアメリカ側の事情にかんする情報を得るには「真相箱」は重要だった。

GHQと「真相箱」の関係は戦争調査会と「公募」による資料調査の関係に似る。それでも青木はこだわった。「公募」による資料調査をおこなうことに「何も遠慮することはないではないか」。青木の提案は異議なく承認された。

## 戦争の原因と敗戦の原因

第二回部会長会議においても異彩を放っていたのが渡辺銕蔵である。渡辺は戦争原因に関連して、開戦決定を批判する。「いろいろな方から、開戦すなわち敗戦だ、こういう意見が大分出た。私も堅くそう思っておる。日本とアメリカと戦争をすれば、百パーセント敗けるに決まっておる。これが私の考え方である」。

そうだからこそ渡辺は、戦争になるとは「夢にも想像できなかった」。渡辺はつづける。「然《しか》し我々のような考え方は、或は少数であるかも知れない。まあ少数であるからこそ、排斥されたり圧迫されたりしたのだろうと思います」。渡辺は「私共は、ドイツも敗けると思っておった」とも述べている。反ナチス運動に加わり、戦時中、投獄された経験のある渡辺の発言に嘘はなかった。

なぜ「開戦すなわち敗戦」だったのか。渡辺は戦争の経済学の視点から断言する。「非常に正確に数字的に、出来ないということを説明できると思います。殊《こと》にアメリカを相手にして戦うだけの物資を調達することができるか」。

八木も同じ意見だった。「どうしても戦時中に敵側に依存して、輸入によって物を解決しなければならなかった」。日本が中国と戦争をつづけながら、南方に武力進駐する背景にあったのは、対米経済依存の現実だった。一九三九年七月二六日、アメリカは日米通商航海条約の廃棄を通告している。この年の日本にとってアメリカは輸入で第一位、輸出で第二位の貿易相手国だった。日米通商航海条約が廃棄される以上、アメリカに輸入を依存していた資源を求めて、日本は南進することになる。

渡辺は敗ける戦争を始めた責任だけでなく、敗ける戦争を早く止めなかった責任も追及しようとする。たとえばなぜサイパン島陥落(一九四四年)の時に、戦争を終結しなかったのか。あるいは東京大空襲の時に「たった百三十機でやってきて、百五十トンの焼夷弾《しょういだん》を落しただけで、帝都はあれだけの焼野原になるのだから、これが何十万トン、例えばドイツへ四十万トン落とした。日本へその何分の一か、十万トンでも落されたらどうなるか。大抵判断〔が〕つきそうなものだと思う」。

さらに五月にはドイツが敗れる。第二次欧州大戦が終結する。つぎはどうなるか。「これは子供でも分るのですが、その後日本は焼土になった訳です」。渡辺は戦争終結のタイミングを逃して無駄に国民を苦しめた責任を追及しないではいられなかった。渡辺は戦争責任者だけでなく、「国家困窮責任者」の責任も追及したかった。

青木長官は前年一〇月三〇日の閣議決定に立ち返る。この閣議決定の原案では調査会は敗戦の原因と実相を調査するとなっていた。それが戦争の原因と実相を調査すると修正されて、正式決定となった。青木は言う。「戦争の原因必ずしも敗戦の原因ではない」。戦争の原因と敗戦の原因は区別されるべきだった。なぜ戦争は起きたのか。なぜ戦争に敗れたのか。戦争調査会はこれら二つの問題に取り組むことになる。

## 石橋蔵相への談判――第三回部会長会議

七月一〇日に第三回部会長会議が開催される。この回から戦争調査会に参加するようになったのが遅れて副総裁に就任した芦田均である。

戦前の外交官出身で立憲政友会の国会議員だった芦田は、戦後になると日本自由党の創設に参画する。幣原内閣では厚生大臣を務めて労働組合法を作り、農地改革や選挙法改正などの戦後改革に関与している。

吉田内閣に代わると、芦田は衆議院憲法改正特別委員会委員長を務める。この委員会は憲法第九条の原案修正を主要な検討課題とする重要な役割を荷《にな》っていた。内閣の交代にともなって閣僚の座を失っても、芦田は得意の絶頂だった。委員長に就任時、芦田は日記に記している。「憲法審議の特別委員会には私が委員長に据《すわ》ることになった。これは画期的な仕事であるだけに私にとっては厚生大臣や国務大臣であるよりも張合のある仕事であると考えている」。委員会が始まると気持ちはさらに高まる。芦田の七月一〇日の手帳日記は言う。「委員長として総理や国務大臣を見下し乍《なが》ら発言を許すのは良い感じである」。

芦田均(国立国会図書館蔵)

この日、委員会後、芦田は戦争調査会に向かう。芦田は特別委員会委員長の余勢を駆るかのように、戦争調査会の第三回部会長会議でも積極的に発言して饒舌《じょうぜつ》だった。

青木長官から予算不足を指摘する発言があった。委託調査費の経費で認められたのは二〇万円だった。広範囲の調査をおこなうのには一〇〇万円必要である。大蔵省に増額を要求した。青木の説明は以上のとおりだった。

さらに青木は芦田に五ヵ年計画であることを説明する。芦田も同意見だった。「但《ただ》し大蔵省を説得するには、一応三年でやってのける位のことを言っておく方がいい」。

青木の意向を踏まえて、芦田はすぐに実行に移す。翌七月一一日の午前、芦田は石橋《いしばし》（湛山《たんざん》）蔵相に「戦争調査会の経費百万円増額方を談判した」。石橋は「『百万円でよいのか』等と冗談を言っていた」。

## GHQ内の対立

芦田にとって気がかりだったのは、経費の問題以上にGHQとの関係だった。芦田は質問する。「司令部との連絡は、どうしてやられておりますか」。青木が答える。「司令部との連絡は、直接取っておらぬのであります」。芦田は心配した。「私は連絡が必要だろうと思う」。

芦田の心配ももっともだった。日本政府はGHQの意向を測りかねるところがあった。たとえば憲法改正問題がそうである。戦争放棄の理念を高く掲げるマッカーサーに当惑することもあった。問題はGHQの意向が測りかねただけではなかった。GHQが一枚岩でなかったことが対応を複雑なものにした。GHQ内ではGS（民政局）とG2（参謀第二部）が対立していた。ＧＳにはＦ・Ｄ・ローズヴェルト政権下で社会民主主義的な改革（ニューディール政策）を進めたメンバーが集まっていた。対するＧ２は保守的な反共主義の立場だった。このようなＧＨＱ内の政治に戦争調査会問題が投げ入れられるとすれば、その結果を予測するのは困難だった。

第一回総会において、幣原は戦争調査会が国際監視下にある旨、発言している。芦田も同様の見方をしていたにちがいない。憲法改正特別委員会委員長として、原案修正をめぐるＧＨＱとの折衝を重ねていた経験の反映でもあった。

芦田は対米関係を気にした。「日本流に勝手にやっているというような疑いが起る。それが彼等をしてキャンキャン言わせるのだと思う。何か特別にそういう連絡をおやりになったら、アメリカの方でもなお呑み込んでくれると思う」。調査の進展にともなって、調査内容をめぐって連合国側と緊張状態が生まれるかもしれない。その時、頼りになるのはアメリカだった。芦田の危惧は戦争調査会の行く末を暗示していた。

### 芦田均の危惧

芦田の危惧は戦争調査会の調査項目にも及ぶ。芦田は注意を喚起する。「例えば新日本の建設、こういうことがちょっと向うの神経に触わるかも知れないので、これはどうですか」。「新国家の建設」に問題があるようにはみえない。このことは幣原が「新国家の建設」を「平和国家の建設」と言っていたことに明らかである。

しかし芦田はつづける。「何だ彼《か》だといって対日理事会の問題にし始めると、新日本建設案などという題目が、或はちょっと神経に来るのかも知れない。……ソヴィエットの言っていることに多少の根拠を与えるようなことになってまずい」。

対日理事会とは連合国軍最高司令官に対する諮問・勧告機関のことで、東京に設置されていた。構成国は米（議長国）・英・中・ソ連の四ヵ国である。芦田の発言の前後の時期に、ソ連が対日理事会で戦争調査会を批判している。戦争調査会に旧軍人が参加していることを問題視したからである。ソ連からすれば、旧軍人を含む戦争調査会は、帝国日本の復活として「新国家の建設」を画策しているようにみえた。

青木は弁明に努める。「国民が非常な苦難を嘗《な》めるのは、全く日本が戦争を起したためであるということを書きのこすというので、戦後のことが出たのです。だから今お話のあった新日本の建設案というのが、主目的ではないのです」。対日理事会におけるソ連の動向を考慮すれば、青木の弁明もやむをえなかったのかもしれない。しかし「新日本の建設」としての「平和国家の建設」は主目的の一つだったはずである。政治的な配慮によって、戦争調査会の調査内容がトーンダウンする。そのようなおそれが出てきた。

青木はつぎのように提案するに至る。「いま副総裁からのお話もあり、マッカーサー司令部といいますか、対日理事会等の関係もございますから、総会に出すものは、部会で御決議になったものと多少形が変るということを、一つ御諒承願いたいと思います」。結局のところ、結論は青木が言うように、「総会へ出す時は、マッカーサー司令部へ出して差支ないようなものを拵《こしら》える」ことになった。

芦田は戦勝国側に誤解されたくなかった。芦田も軍部批判の点で異論はなかった。芦田は調査項目の追加を求める。「教育の軍国主義化ということは、私共が始終考えていることで、やはり軍人主観教育、それを一緒に取入れて扱って戴くことです」。

青木は第四部会の調査項目に入っていると答える。たしかに第四部会の調査項目には、たとえば「軍国主義的思想の強化と反軍思想の弾圧」、あるいは「教育の軍国主義化」、「軍の教育」が入っている。戦争調査会が戦前日本の軍国主義化を批判する立場だったことは明確だった。

## 各部会の調査項目

三回の部会長会議をとおして、部会長は各部会の調査項目を相互に確認し合っている。Ⅲ章と第二部に関連する各部会の調査項目をまとめ直してその要点を表にすると、つ

**第一部会（政治外交）**

1 世界情勢の分析（総括問題）
2 第一次世界大戦後の国内情勢批判
3 満州事変発生後の情勢批判
4 日中戦争発生後の情勢批判
5 太平洋戦争開始後の情勢批判
6 敗戦批判
7 平和再建の構想

**第二部会（軍事）**

1 軍の政治干与とその影響
2 日中戦争以後の戦争指導
3 第一次欧州大戦後の太平洋を中心とする国際情勢判断と国防方針
4 軍の編制・組織運営の適否
5 作戦用兵上の主な敗因

**第三部会（財政経済）**

1 満州事変と日本経済
2 満州事変から日中戦争に至る日本経済
3 日中戦争発生後の日本経済
4 太平洋戦争開戦の背景
5 太平洋戦争下の日本経済
6 太平洋広域経済圏の建設
7 戦争経済の総決算

**第四部会（思想文化）**

1 日本人の国民性・世界観・文化水準
2 太平洋戦争前の思想界
3 太平洋戦争下の思想の動向
4 太平洋戦争前の社会（社会構造・国民生活・民心の動向）
5 太平洋戦争中の社会（社会構造の変化・国民生活の変貌・民心の動向）

**第五部会（科学技術）**

1 科学技術現有の実情
2 戦争計画者の科学技術に対する態度
3 軍部と官僚の科学技術政策に対する科学者の反応
4 軍部内における科学技術活動の実情
5 科学技術の戦力化の可能性

ぎのようになる（右表）。

戦争調査会の各部会の調査項目は確定した。つぎのステップは、各調査項目をめぐって、議論を深めながら調査を進めることだった。

# Ⅲ章　戦争回避の可能性を求めて

## 財政経済からみた戦争――第三部会

第三部会（財政経済）の第一回が一九四六（昭和二一）年四月一六日に開催された時、国内情勢は緊迫していた。四月一〇日に実施された戦後初の衆議院議員総選挙で、第一党になったのは一四一議席を獲得した自由党だった。ところが自由党の党首鳩山一郎《はとやまいちろう》を嫌うＧＨＱは第二党の進歩党（九四議席）と第三党の社会党（九三議席）の連立を画策した。このような政治状況にもかかわらず、同じ日、幣原は政権維持を表明する。続投を決めた幣原の内閣のゆくえは不透明だった。

第三部会は山室宗文（元三菱信託会長）を部会長として、論客の渡辺銕蔵、小汀利得《おばまとしえ》（日本経済新聞社社長）のほか、三人の著名な経済学者が委員を務めていた。ひとりは農業経済学者の東畑精一《とうはたせいいち》（東京帝国大学教授）、あとのふたりは労農派のマルクス主義経済学者の有沢広巳《ありさわひろみ》と大内兵衛《おおうちひょうえ》である。

渡辺の略歴はⅠ章で記したので省略する。山室は三菱財閥の最後の社長だった。戦後改革によって財閥が解体される。山室も退陣する。山室は退陣に際して「三菱は解体する。しかし、その精神的つながりは切崩すことはできない」と述べたという。戦前の財政経済を調べるうえで、三菱財閥のトップが適任だったことは明らかだった。

小汀利得は戦前から舌鋒鋭い新聞論説の書き手として知られていた。小汀の回想によれば、コラムや社説で「ヘッポコ軍人」「ヘナチョコ官僚」と軍部や政府を批判していた。のちに小汀はテレビ番組「時事放談」のレギュラー出演者となり、日本武道館をビートルズの来日公演会場とすることに強く反対している。

東畑精一はシュンペーター研究でも著名な農業経済学者である。有沢と大内はマルクス主義経済学者である一方で、さまざまな政府委員を歴任している。

第一回の部会の段階で、第三部会の調査の方向は明確になっている。財政経済の観点からの戦争原因は何か。

山室宗文

第一に日本銀行引き受けによる公債（戦時国債）の発行の結果、「経済金融の実勢に適合せずして発行が可能であるから戦争を楽に考えた」。戦費調達に対する安易な気持ちが戦争を招いた。その結果、戦時中から戦後にかけて、インフレーションが起きた。

第二は軍部の責任である。「軍備の機密に藉《しゃ》口《こう》して軍事予算に対する査定並に審議権を無視した」。その結果、安易な軍備拡張と戦争準備が可能になった。

第三は「経済上より見たる日本の膨脹政策」である。日本は人口過剰と資源不足を補う目的で戦争を始めた。

第四は資本主義の本来の「性格」である。加えて「一部事業家の膨脹政策が戦争原因になった」。

第五は経済新体制運動が戦争につながった。戦前昭和の政党政治への不信から、現状を打破し、国家主導で「全体主義、超国家主義」的改革を志向する官僚（新官僚）が経済新体制を作ろうとした。その結果が戦争だった。

ほかにも敗戦原因として以下の六項目が挙がっている。官僚統制の煩瑣《はんさ》が生産増強を阻害したこと。生産技術の不十分な発達。戦時即応の企業体制の整備不足。生産と経営に対する軍部の干渉。空襲に対する計画的防衛を怠ったこと。経済統計と経済調査の不備、不完全かつこれらを無視した「非科学的観察」。

しかし渡辺が指摘しているように、「敗戦原因と開戦原因を調べるといっても結局同じようなものになる」。そうだとすれば、戦争の原因を追究する方がさきだった。

## 「日本経済再建の基本問題」

第三部会委員の三人の経済学者は、戦争調査会が始まる前の時期に、別の調査委員会(外務省特別調査委員会)のメンバーでもあった。敗戦によって外交権を失った日本の外務省は、調査業務だけが認められた。

外務省はこの委員会をとおして、日本再建策をまとめようとする。委員会は敗戦の年に始まり、翌年三月までに約四〇回、開催されている。委員会は中間報告(一九四五年一二月)を経て翌年三月に報告書「日本経済再建の基本問題」をまとめる。同年九月には改訂版を出している。

この委員会には労農派だけでなく、講座派マルクス主義経済学者の山田盛太郎《やまだもりたろう》や近代経済学者の中山伊知郎《なかやまいちろう》なども参加していた。

委員のひとり大内兵衛はこの報告書を「日本の経済学上記念すべきパンフレット」と呼んだ。GHQの経済顧問もこの報告書の有用性を認めている。「日本経済再建の基本問題」は戦後日本再建のバイブルのような存在になる。

ふたつの委員会は構成メンバーの重複が示すように、類似した歴史観を持っていた。第一回・第三部会が取り上げた五つの戦争原因は、「日本経済再建の基本問題」の分析枠組みから導き出されたといえなくもない。

## 後進資本主義国・日本

「日本経済再建の基本問題」の一節は言う。「一方資本主義自体も右の如き畸型的な発展を辿った結果、国内市場が開拓せられず早期に帝国主義段階に到達し武力による植民地および海外市場の獲得に向うこととなった。かくて日本経済全体に極めて濃厚な軍事的性格が与えられたのである」。この一節はマルクス主義経済学の歴史観の典型例である。今日においても俗耳《ぞくじ》に入りやすい。

つぎの一節もそうである。「かつて昭和五、六年の頃、世界的不況の影響により国内に多数の失業者を生じた結果種々の社会不安を発生し、ひいては満州事変の勃発と其の後に於ける軍国主義化を齎《もたら》したことは未だ記憶に新しい」。

どちらの引用文にも共通するのは日本を「後進資本主義国家」と認識する視点である。「後進資本主義国」は農民と中小商工業の犠牲の上に建てられた大企業がチープレーバーを武器として、世界経済に参入した。その報いとして多数の国民の購買力は低く、国内に充分な市場を見出すことができなかった。日本経済は輸出市場の獲得をめざすとともに、「軍備拡充に基く国家の大量需要に期待することとなった」。

「後進資本主義国」日本の財政は「軍事的性格」を持つ。「日本経済再建の基本問題」はこの点についてつぎのように指摘する。「経済一般における軍事的性格は財政支出において最も明瞭に表現される。……平和時代にあっても直接の軍事費が歳出の三〇％を下ることと少く屢々《しばしば》五〇％近くに達した」。

要するに「日本経済再建の基本問題」の歴史観は、後進国日本が戦争に打って出る必然を強調していた。

**領土拡張は必要だったのか――渡辺銕蔵の反論**

このような歴史観と類似する第三部会の当初案に示される歴史観に対して、ことごとく反論を試みたのが渡辺である。

渡辺はたとえば「領土拡張で行かなくても経済的発展で十分補えたのだという証明も出来る」と言う。あるいは「金解禁が日本を非常に貧乏にしたとか、そういうことが強く宣伝されたが、それら戦争誘発に関して経済上の問題につき誤解があった点を探明する」べきだと批判する。

渡辺は日中戦争勃発時の国際連盟における中華民国代表顧維鈞《こいきん》の演説を引用する。満州には日本人はわずかしか入っていない。朝鮮から日本に入った方が多いくらいだ。なぜ日本は日本よりもはるかに人口稠密《ちゅうみつ》な河北省に入ろうとするのか。日本は北海道すら開拓していないではないか。顧維鈞がこのように演説すると「拍手が止まなかった」。渡辺は顧維鈞に仮託して、人口問題の解決を目的とする対外膨張の必然性に強い疑問を投げかけた。日本が後進国であることは、渡辺にとって戦争の誘因ではなかった。

当初案に対する渡辺の対案は五項目ある。ここでは五項目を三項目に要約して対案の要点を記す。

第一に日本の経済力の過信を相手国の英米との比較をとおして明らかにする。渡辺は指摘する。「こんな違いがあったのだから無理ではないかということを調べる必要が起るかも知れない」。

第二に経済的発展でよかったはずがなぜ戦争になったのか。「領土的拡張で行かなければならぬという考えが勝《まさ》った為め斯様な戦争になったものだと思う」。そうだとすれば、人口問題や資源不足が戦争の誘因ではなかったことになる。

第三に戦時中の経済の状況を調べなくてはならない。戦時経済状況とは、具体的には物資動員計画、統制経済、物価政策、食糧政策、金融政策、海運政策などの欠陥（あるいは「長所」）が戦争誘因になった過程のことである。この点に関連して渡辺は、中国の占領地域における経済工作がインフレを引き起こした過程も研究すべきであると付言している。渡辺は戦後日本の再建構想よりも、戦時経済の実態の方により強い関心があった。

## 戦時下農業の機械化と協同化

有沢委員は戦争の原因と敗戦の原因を区別して調査すべきとする立場だった。そうだからといって渡辺の考えに反対ということでもなかった。大内委員は「結構である」と同意している。第三部会の調査項目は渡辺の対案に準じたものになった。

付け加えると小汀委員の発言「大体日本人は調査というものは嫌いだから」が注目に値する。渡辺も同感だった。「日本では一流の政治家が数字とか統計のことを言うと軽蔑する」。戦争の原因はここにもあるようだった。

なお「日本経済再建の基本問題」も、戦時下の経済政策の「長所」をめぐって、渡辺と問題関心を共有するところがあった。この報告書は戦時下における農業の機械化および協同化の経験として、つぎのように指摘している。「農村における労働力の不足は、戦時中農業の機械化および協同化を促進する傾向を齎した」。具体的には「電動力を利用する脱穀調整のごときは戦時中著しく発展し、特に施設の協同利用が盛んに行われた」。

具体的な数字を示すと、つぎのとおりである。動力脱穀機は一九三七年＝一二万八六二〇台から一九四二年＝三五万七一二九台、動力籾摺《もみすり》機は一九三七年＝一一万七七三八台から一九四二年＝二〇万四五四八台、動力耕運機は一九三七年＝五三七台から一九四二年＝七三四六台へと飛躍的に増加している。働き手を戦場に奪われた農村では、機械化と協同化が人手不足を補った。戦争は農業の機械化と協同化を促進した。

他方で戦争末期には小農具に至るまで著しく欠乏した。それでも「労力不足を補う共同耕作移動労働等、農業の技術および経営における各種の進歩の萌芽が見られた」。同報告書の立場からすると、このような戦時下の農業の機械化と協同化は、戦後の日本経済にとって「有利」な前提条件だったことになる。

## 馬場・幣原の再びの論戦——第四部会

第三部会（財政経済）と対照的だったのは第四部会（思想文化）である。第三部会は委員が財政経済の専門家であり、議論を進めるうえで前提知識が共有されていた。対する第四部会の委員は、ジャーナリストや哲学の専門家、日本史研究者といったように異なる分野からの寄せ集めである。青木はこのような第四部会に特別に重要な役割を与える。四月二三日の第一回部会の開催に際して、青木は第四部会を「総括的の事柄を取扱う部門」と位置づけている。第四部会は第三部会やその他の部会の議論をまとめる役割も荷うことになった。

議論を主導したのは部会長の馬場恒吾である。一八七五年生まれの馬場は七〇歳を越えている。読売争議で疲弊していたはずである。しかし馬場は疲れた様子もなく、発言する。

馬場には発言しないではいられない気がかりなことがあった。それは四月四日の第二回総会における幣原との論争だった。「総会の席で、戦争の負けることとは分っており、戦争を始めたことが敗戦の主なる原因だということを一言言った。……戦争そのものを起すのがよいとか悪いとかいう原則的の意味で私は言ったのではない。如何にも負けるに決まった戦争を始めるのがいけないという意味で言ったのである。幣原総裁は何かそれを間違って取っておったようである」。馬場は東条英機が「独断で戦争を始めたことが敗戦の原因じゃないか」と考えた。

幣原はこの日、つぎのように反問している。「戦争其のものをなくするとか、或は戦争のないような状態を作るようなことに付ての考慮はどうか」。このように反問する前提として、幣原は「戦争を開始すべき理由は全然なかった」、したがって「戦争を始めれば即ちそれは敗戦だ」との立場に立っていた。

青木も幣原は馬場の発言を誤解したのではないかと考えた。「勝つ戦争であっても、この戦争は侵略戦争であり、或は東洋征覇の戦争だから、勝敗に拘《かかわ》らずいけないのだ」。幣原は「如何なる意味に於ても戦争を起したのは間違いなのだ、こう思っておられるのかも知れぬ」。青木はそう推測した。馬場と比較すれば、幣原は絶対平和主義者であるかのようだった。

他方で青木は、馬場の発言が曲解されるのも危惧した。敗ける戦争を始めたのがいけない。そうだとすれば、勝てる戦争であれば始めてもよかったことになる。過ちをくりかえさないとは、「もう一度戦争をやって今度は負けないぞというような誤解を生ずる虞《おそれ》がある」。過ちをくりかえさないとは、「将来は戦争をしないのだ、平和国家の建設に向うのだ」ということだった。

対する馬場は戦前日本を擁護しつつ、戦争回避の可能性を探ろうとする。「満州や支那辺で日本人も悪いことをしたかも知れないが、支那人にもひどい目に遭わされた。張作霖《ちょうさくりん》なんかの時は日本人はひどい目に遭っている。私は考えるのに、満州事変を起す前に、むしろ堂々と国際連盟なんかに訴えて、如何に日本人が圧迫されているかということを明かにしたら、或は満州事変を起さないでも何かもっとよい分別があったのではないかと思う。或は支那事変も避けられたかも知れない」。

馬場はここで一九二〇年代後半の中国ナショナリズムと日本の対立のことを言っている。清朝中国崩壊後、蔣介石《しょうかいせき》の国民党が軍事力によって中国の統一を進める。その過程で日本を含む列国の居留民の生命・財産が脅かされる。このような中国の不法行為を国際連盟に訴えれば、満州事変のようなかたちで問題を軍事的に解決しないで済んだ。満州事変が起きなければ、日中戦争も起きなかった。馬場はそう指摘している。
国際連盟に訴えても問題は解決しなかっただろう。実際のところ、ひとたび満州事変が起きると、中国の情勢を元に戻すことはできなかったからである。それでも馬場の発言は記憶に留めておく必要がある。中国ナショナリズムへの対応の仕方如何《いかん》で戦争を回避することができたことを示唆していたからである。

**軍部の政治介入**

馬場は第四部会が調査すべき項目として、軍部による「言論抑圧とかその他非合法事件」を挙げる。「非合法事件」とは一九三二（昭和七）年の五・一五事件や一九三六年の二・二六事件のことである。同時に馬場は一九三三年の荒木《あらき》（貞夫《さだお》）陸相による「軍民離間に関する陸相談話」に言及する。馬場はこの談話の言論抑圧効果をつぎのように表現している。「あれで新聞記者はびっくりしてしまった。あれは五・一五事件の翌年だが、それで黙ってしまった」。

荒木貞夫（国立国会図書館蔵）

一九三一年九月一八日、中国東北部の奉天郊外の柳条湖で、関東軍が南満州鉄道を爆破した。この謀略事件をきっかけとして、満州事変は拡大する。翌年三月には傀儡《かいらい》国家＝満州国が建国される。このような満州事変の拡大も万里の長城に接する線にまで到達すると、一区切りがつく。一九三三年五月に日中停戦協定が成立する。ここに満州事変にともなう対外危機は沈静に向かう。対外危機の沈静は国内で政党勢力の復活をもたらす。政党は軍事予算の削減を求めて軍部を批判するようになった。

対する陸軍は、荒木陸相が一二月九日付でさきの談話を発表した。「この種軍民分離の運動は国防の根本をなす人心の和合結束を破壊する企図であって、軍部としては断じて黙視し得ざるところである」。

馬場はこのように五・一五事件から一九三六年の二・二六事件へと軍部の政治介入が可能になった原因を探ろうとしていた。

## 国家主義の台頭

渡辺幾治郎（元京都帝国大学教授、日本史専攻）委員も馬場と同様の観点からつぎのように述べている。「この会では結論は後にして、どうして国粋主義、国家主義のようなものが勃興したかというようなことをあらゆる方面から文書によって調査することを第一にしなければならない」。

昭和戦前期は国粋主義者や国家主義者によるテロとクーデタ事件が連続する。たとえば一九三二年には「一人一殺」の要人暗殺をめざす国家主義者井上日召《いのうえにっしょう》の主導の下で、血盟団事件が起きる。二月に前蔵相井上準之助《いのうえじゅんのすけ》、三月に三井合名会社の団琢磨《だんたくま》がそれぞれ暗殺される。同年五月には民間右翼団体の愛郷《あいきょう》塾《じゅく》が海軍の青年将校らとともに、テロとクーデタの未遂事件（五・一五事件）を引き起こす。翌年には神兵隊を自称する決起者による政友会と民政党の本部などを襲撃するクーデタ未遂事件が露見する。一九三五年には国家主義者たちが天皇機関説（事実上の政府公認の憲法学説）排撃運動を始める。一九三六年の陸軍部隊の反乱事件（二・二六事件）では国家主義者の北一輝《きたいっき》が直接には関与しなかったものの、事件の中心人物として死刑に処せられる。渡辺幾治郎は同時代におけるこれらの事件の目撃者だった。

青木も渡辺の考えに同調する。各委員の指示のもとで、部会の調査室が資料を集めて読む。青木はこれならばできると答えている。

各部会の調査室はどのような資料を収集したのか。記録が残っているのは第二部会が収集した資料である。例示的に表題を記す。「十一月事件の全貌」「軍閥の暗躍」「日本右翼運動史（三）――政治的に進出せる軍部」などである。

中村孝也《なかむらこうや》（元東京帝国大学教授、日本史専攻）委員も、歴史研究者ならではの指摘をしている。「山中に入って山を見ずで、今われわれは山の中にいるから、全貌を見られない。時間的に、場所的に若干距離を隔てると、全貌が見える」。結論は後回しにして、さきに資料を集める。戦争に至る経緯の全体像は、時間と場所を隔てなくては描けない。中村はそう言っている。中村の言うとおりだとすれば、当時から約七〇年を経た今こそ、それらの資料を用いて全体像を描くべきだろう。

## 二つの日米開戦の回避可能性

部会ごとの検討のほかに、戦争調査会は連合部会を開催している。たとえば五月一三日は、第一・第二・第四部会の連合部会がおこなわれている。斎藤第一部会長に促されて、渡辺幾治郎委員が発言する。渡辺によれば日米開戦の回避の機会は二度あった。

第一は一九四一年一〇月に近衛（文麿）内閣が倒れた直後である。もしもこの時、「陛下もその方に御傾きあらせられた」ように、東久邇宮（稔彦）内閣が成立していれば、「戦争にはならなかったであろう」。渡辺は伝聞推定を交えて指摘した。

渡辺の指摘は間違っていない。たしかに近衛の後継に東久邇宮が目された。しかし皇族内閣といえども、対米開戦を回避できるとは限らなかった。対米開戦後、敗北するようなことになれば、累は直接、天皇に及ぶ。皇族内閣が軍部をコントロールできる保証はなかった。実際には東条内閣が成立した。東条は開戦を決意して首相の座に就いたのではなく、和戦両様の構えを示した。今日の研究水準に照らせば、開戦回避の可能性が東条内閣の下で模索されたことは、明らかである。東条は「お上〔天皇〕より日米交渉を白紙にもどしてやり直すこと、成るべく戦争にならぬ様に考慮すること等、仰せ出され、必謹之が実行」に当たる決意を固めている。戦争調査会が調べるべきは、皇族内閣が成立しなかった原因ではなく、東条内閣の対米開戦過程だった。

渡辺によれば、もう一つの分岐点は、一九三九（昭和一四）年の平沼《ひらぬま》（騏《き》一郎《いちろう》）内閣の退陣にともなう米内《よない》光政《みつまさ》海相と山本《やまもと》五十六《いそろく》海軍次官の交代の時だった。平沼内閣の下で日独伊防共協定強化問題が争点になっていた。一九三六年の日独防共協定に翌年イタリアが加わる。この防共協定を同盟へと強化することを求める陸軍に対して、外務省が反対していた。米内海相と山本次官も外務省を支持して防共協定強化に反対の立場だった。このことを踏まえて渡辺は言う。「この海軍の大臣と次官がもう少し続いていたならば日独伊三国同盟は出来なかったと思う。三国同盟が出来なければ米国の感情もあれ程に悪化しないで、戦争を避ける機会があった」。

渡辺はチャンスを逃したことを悔やむ。「成程山本さんが次官で、米内さんに智慧をつけ、それを断行させれば理想的のもので、そのために三国同盟は出来なかったろう。洵《まこと》に惜しいことであった」。

なぜチャンスを逃したのか。渡辺は言う。「山本さんが次官になっていれば生命が危かったか。こういうところにいわゆる私共の言う当時の情勢というものがあった」。当時はテロとクーデタの時代だった。たとえば二・二六事件において内大臣で首相経験者の斎藤《さいとう》実《まこと》（海軍大将）が暗殺されている。斎藤はロンドン海軍軍縮条約に賛成した海軍「穏健派」のひとりである。山本が次官になって三国同盟を阻止しようとすれば、命の危険があったことは容易に想像できる。

二つのチャンスを逃しても、馬場に言わせれば、戦争回避の可能性は残されていた。馬場は指摘する。「岩畔《いわくろ》（豪雄《ひでお》）少将がワシントンで日米交渉試案の成立談判に御尽力なさり、私共はあの試案が本当に真面目に採上げられて談判の基礎となったならば、日米開戦ということは避けられたと思う」。

以上のように、戦争回避のチャンスは二度あった。それらを逃したあとも、馬場の指摘のとおりだとすれば、日米交渉による戦争回避の可能性があった。戦争調査会の議論では真珠湾攻撃の直前まで戦争回避の可能性があったことになる。ここでは戦争調査会の議論を確認するに留める。本当にぎりぎりの段階まで戦争回避の可能性があったのか否かは、第二部のⅦ章で検討することにしたい。

この章のおわりに他の部会の議論について補足説明する。第二部会（軍事）は結局のところ一度も開催されなかった。第一部会（政治外交）と第五部会（科学技術）の単独開催の事実は確認できる。しかし残念なことに、戦争調査会の公刊資料全一五冊のなかに発見することはできない。

それでもこれら二つの部会での議論は、連合部会や総会における各委員の発言から推測することが可能である。あるいは二つの部会の議事録がなくても、連合部会や総会における第一部会と第五部会の委員の発言を手がかりに考えれば、それで補うことができる。本章が第三部会と第四部会の議論の検討に終始したのは、このような理由からである。

# Ⅳ章　未完の国家プロジェクト

## 敗戦の現実

戦争調査会が議論を展開していた時、日本は占領下にあった。対日占領政策を主導したのは連合国軍最高司令官総司令部（General Headquarters, GHQ）である。

ＧＨＱの最高司令官の意思決定を拘束する組織として、極東委員会がワシントンに設置される。極東委員会は英米中ソ仏・オランダ・カナダ・オーストラリア・ニュージーランド・インド・フィリピンの一一ヵ国で構成される組織だった。

もう一つ連合国軍最高司令官に対する諮問・勧告機関として、米英ソ中四ヵ国による対日理事会が東京に設置される。対日理事会は一九四六年四月から二週間に一度、明治ビルで開催されることになった。極東委員会の場合とは異なって、対日理事会の会議は公開だった。外国人記者が多数、傍聴に詰めかけていた。日本人の新聞記者はまばらだった。

そのなかに毎回出席して詳細な会議記録を取る日本人がいた。終戦連絡中央事務局総務部の朝海浩一郎《あさかいこういちろう》である。終戦連絡中央事務局とは外務省の外局で、ＧＨＱと日本政府との連絡業務を担当していた。一九〇六年生まれで当時四〇歳だった朝海は、東京商科大学在学中に外交官及領事官試験に合格した外交官だった。入省後はイギリス、アメリカに留学している。朝海が連合国や占領軍の当局者と接触して得た情報は、日本政府にとってきわめて重要であり、ほとんど唯一のものだった。

朝海は対日理事会を訪れるごとに、敗戦の現実を突きつけられる。明治ビルの正面はアメリカ将校の専用の入り口だった。日本人は裏口から出入りした。退場する際には入場証の裏面に、米軍将校からサインをもらわなければならなかった。

このような光景は敗戦国日本ではありふれたものだった。たとえば東京裁判は建前の公正性・中立性とは裏腹に、至るところに差別があった。法廷の傍聴席は貴賓席と一般席に区別されていた。記者席も別だった。日本人は弁護人といえども出入り口からトイレまで差別された。それでも東京裁判では検察官と弁護人とがフェアプレイを演じて見せた。対日理事会も同様だった。朝海は回顧する。「占領軍との接触に当たり、私は彼等に不当に待遇されたと感じたことは一度もなかった」。

通説的な理解によると、対日占領政策に重要な影響を及ぼしたのは極東委員会である。対日理事会の役割は「名目的」だったことになっている。しかし朝海報告書を読むと、戦争調査会問題をめぐる対日理事会は、影響力を持っており、実質的な役割を果たしていたことがわかる。

対日理事会は設置の時から占領政策の主導権をめぐって、米ソ対立が顕在化していた。ソ連はアメリカの主導権を忌避して、対日理事会ではなく、「連合国管理理事会」案を主張した。この「理事会」は四大国が拒否権を持つことになっていた。この「理事会」とは異なる対日理事会は、アメリカにとってソ連に対する妥協の産物だった。

妥協の産物はあいまいさを残す。対日理事会は第一回から権限や手続き、最高司令官との関係などをめぐって、米ソの論争が激しかった。朝海は米ソの意見のちがいを直接たしかめることになる。

**各国代表の横顔**

対日理事会のアメリカ代表ジョージ・アチソンは議長を兼ねていた。アチソンはチャイナ・ハンド（中国通、親中国派）の外交官出身である。日中戦争下の一九三七年一二月一二日、日本軍機による揚子江上のアメリカの砲艦パネー号に対する爆撃事件が起きた。その時アチソンは艦上にいて、危うく難を逃れた。朝海の人物評は好意的である。「同氏の外見は極めて温和、接する人をして春風駘蕩《しゅんぷうたいとう》たる好感を抱かしめる」。

ソ連代表クズマ・N・デレビヤンコ中将は軍服に身を包み、軍人そのものだった。欧州戦線で戦ったデレビヤンコは、日本においてミズーリ艦上の降伏文書調印式に列席している。四〇代のデレビヤンコは、朝海によれば「精悍《せいかん》の気を漲《みなぎ》らせつつ各般の問題を提《ひっさ》げて対日理事会で論議を尽す」人物だった。朝海はデレビヤンコが「理事会の空気を活発なら

対日理事会（左列手前から2人目、身を乗りだしているのがジョージ・アチソン、5人目がマクマホン・ボール、右側4人目がクズマ・N・デレビヤンコ。1947年。朝日新聞社提供）

しむるに役立っている」のを認めざるをえなかった。

ミズーリ艦上の降伏文書調印式を見守ったのは、中国（国民政府）代表の朱世明《しゅせいめい》もそうだった。朱は過去一〇年間ほどアメリカに住み、英語が達者だった。朝海は朱に対しても好印象を持った。「軍人としてのいかめしさと共に外交官としての柔らかな味をも兼ね備えた好紳士」だった。

英連邦諸国代表のマクマホン・ボールは厄介な存在だった。オーストラリアのメルボルン大学政治学教授マクマホン・ボールは、朝海によれば、「外交官や軍人とはまた違った持ち味」を見せていた。

英連邦諸国を代表するのがオーストラリアのマクマホン・ボールであり、東京裁判の裁判長がオーストラリア人のウェッブ卿だったことは、偶然ではない。対日占領政策において重要な地位を求めつづけたオーストラリア政府の働きかけの結果だった。ふたりが日本の戦争犯罪に峻厳《しゅんげん》な態度を示していたことはよく知られている。ウェッブ卿は裁判長として来日する前に、オーストラリア政府の委嘱を受けて、五〇〇人近い証人から得た証言や証拠によって、日本軍の戦争犯罪行為と残虐行為の詳細な報告書を作成していた。裁判長としてのウェッブ卿は、天皇の訴追に執着する。マクマホン・ボールも同様に「天皇が現実にある影響力を持っていたことは明らかだ」との立場に立った。朝海の見るところ、マクマホン・ボールは英連邦諸国ではなく、オーストラリアの代表だった。

## 米対ソ英中——対立の構図

対日理事会は米ソ対立を基調としながら、英連邦諸国（より正確にはオーストラリア）代表がソ連に接近していた。このような米対ソ英の対立の構図に対して、朝海の観察によれば、中国の態度は中立的だった。

朝海は英連邦諸国の代表がソ連と同一歩調をとっていることに納得できなかった。「敗戦国民としては不謹慎な質問」であると断わりながら、朝海はアチソンに直接、尋ねている。「対日理事会を傍聴して得た印象ではマクマホン・ボール氏は必ずしも英国代表ではないような印象を受けて居るが如何《いかが》であろうか」。アチソンは認める。「英帝国内の自治領代表者は必ずしも英本国と同一歩調を採って居るものではない」。アチソンは続ける。極東委員会の方でも、ニュージーランドの代表の「対日所論は極めて徹底して居り寧《むし》ろソ連の主張に近いとさえ思われることもある」。

欧州においては外相会議などで米英仏の民主主義国とソ連が対立していた。しかしアジアの対日理事会では「不思議に現在のところその空気がない」状況だった。それどころかアメリカ主導の対日占領政策にソ英中が連携して批判することさえあった。朝海は傍聴者のイギリス人女性の批評を記録している。「どうして皆で米国をああいう風に攻撃するのであろう。又米国も譲らずどんどん頑張って貰いたい」。

このイギリス人女性の批評は道理にかなっている。もっとも多くの犠牲を払った戦勝国が敗戦国に対するもっとも強い発言権を持つ。日本に対してはアメリカだった。ところがドイツに対してはソ連である。ソ連の対独戦がなければアメリカの勝利は危うかった。アメリカは同じ連合国としてソ連に配慮せざるをえなかった。対日占領政策の場合もそうである。対日占領政策をめぐって、国際政治は冷戦の力学よりも連合国間協調の方が重要だった。イギリスは同じ英連邦諸国のオーストラリアの強硬論に引き摺《ず》られがちで、アメリカよりもソ連の立場に近かった。アメリカにとって頼みの綱の中国は、国民党と共産党の内戦が始まっていて、それどころではなかった。対日占領政策に対してもっとも強い権限を持っていたはずのアメリカといえども、ソ英中を無視することはむずかしかった。

対日理事会におけるこのような対立の構図はアメリカに不利だった。米対ソ英、あるいは米対ソ英中ではアメリカの思いどおりにはいかなかった。

それでも朝海はアメリカに期待した。ところがアチソンは朝海に苦言を呈している。「自分の考えを言うに日本政府は余りに総司令部に頼り過ぎて居るのではなかろうか」。敗戦国日本は、対日理事会で孤立しがちなアメリカからも冷淡に扱われた。

## 問答無用のマッカーサー

対日理事会の第一回会議におけるマッカーサーの発言を耳にすれば、対立の構図が米対ソ英中になるのも無理はなかった。会議の冒頭、マッカーサーは問答無用とばかりに言い放った。「理事会の権限は飽くまで諮問に止まり最高司令官が唯一の管理行政の権限ある責任者である」。続けて対日理事会は公開とすると一方的に宣言したあと、マッカーサーは自信満々に言った。「日本の占領目的は順調に達せられつつあって、ポツダム宣言の原則に適応すべき一切の措置が講ぜられて居る」。

この日（四月五日）の対日理事会は、日本政府が憲法改正草案を発表する直前におこなわれた。マッカーサーの関心も当然、憲法改正にあった。マッカーサーは改正案の戦争放棄条項を称揚する。「戦争放棄の条項は、戦力を完全に喪失した日本としては当然の論理的帰結であるが、主権の一要素である交戦権の放棄は、一段と進歩した国際道義の確立を要請する極めて画期的企図といい得るであろう」。

マッカーサーは言いたいだけ言うと、直ちに退場した。二度とふたたび対日理事会に出席することはなかった。

マッカーサーが去ったあとも議論は続く。ソ連代表は公開ではなく秘密会にすることを求めた。アメリカ代表は反対した。イギリス代表は、政策に関しては公開その他は非公開とする妥協案を出した。意見は対立したものの、結局のところ、マッカーサーが言ったとおりの結論になった。

## 「米をすぐ寄こせ」――深刻化する食糧危機

当時の日本は大きな危機に見舞われていた。危機とは食糧危機のことである。前年の敗戦の年は大凶作だった。米の収穫量は平年の三分の二にまで下がった。同時代における成人ひとり一日に必要なカロリー量二四〇〇キロカロリーに対して、配給だけでは一〇〇〇キロカロリー、「ヤミ」を入れても、一九〇〇キロカロリーに過ぎなかった。その食糧の配給も翌年の春から夏にかけて、ほとんどなくなる。すでに前年には、配給だけで暮らす旧制高校教授の亀尾英四郎《かめおえいしろう》が餓死している。都市部の人びとは衣服などと交換に、買い出しに出かけて農村から食糧を得る「タケノコ生活」を余儀なくされた。経済回復の水準は一九三〇年が目標だった。一九三〇年が昭和恐慌の只中だったことはいうまでもない。敗戦後の日本人の生活がもっとも苦しかったのは、この年（一九四六年）の前半だった。

食糧危機の問題は四月三〇日の第三回・対日理事会で取り上げられた。アメリカは日本に同情的だった。アチソンは言う。「吾人はこの国に於て飢餓を阻止すべき道徳的な義務を有するものである」。ただしこの発言は「道徳的」というよりも、占領政策を遂行する現実的な観点からだった。アチソンはこの一節の直前に言っている。「もし不安が起これば これによって単に重大なる軍事的困難のみならず政治的困難も生ずるのである」。

イギリス代表は冷酷だった。「侵略国日本が周辺諸国に比し多少飢餓に襲われ、又配給の引下げが行われるとするも右は止むを得ぬことではないか」。

イギリス代表の強硬論にはソ連といえども与《くみ》することはなかった。ソ連代表は食糧輸入問題を研究するグループの設置を提案した。

他方で食糧危機の深刻化は五月一九日の「飯米《はんまい》獲得人民大会」（食糧メーデー）を引き起こし、二五万人が皇居前広場に集結した。皇居前広場は赤旗や「米をすぐ寄こせ」「憲法より飯だ」「食糧の人民管理」「働けるだけ喰わせろ」などと書かれたプラカードで埋め尽くされた。参加者はメーデー歌やインターナショナル歌を歌って気勢を上げた。対日理事会の建物の外は騒然とした状況だった。

食糧メーデー（毎日新聞社提供）

翌六月一二日の第六回・対日理事会ではアチソンが最初に食糧危機の問題を上程する。アチソンは過去約半年の間に京浜地区で一二〇〇から一三〇〇人が餓死し、先月は二六七人に達したと報告している。

それでもイギリス代表は頑《かたく》なだった。「日本が食糧問題の解決を自己の努力に於て求めんとすることは結構であると思う。けだし右によって海外からの食糧の輸入を減少せしめ得るからである」。

食糧危機をめぐって、日本に対する米英の立場の相違は明確だった。

## 「半官的団体」――問題の顕在化

以上のような対立の構図のなかで、七月一〇日に問題が顕在化する。この日の第九回・対日理事会において、ソ連代表が戦争調査会の問題を提議したからである。

戦争調査会は秘密裏におこなわれていたのではない。新聞は戦争調査会を報道していた。戦争調査会の方も積極的に広報に努めていた。たとえばこの年一月二五日には上野精養軒で、マスコミ関係者との懇談会を開いている。参加したのは主要な新聞社や岩波書店、中央公論社などの出版社、約二〇社だった。戦争調査会にとって、目的は広報だけではなかった。席上、青木は各社に戦争調査会と同趣旨の企画があるのか、また関係資料の保存状況はどうかと質問している。

戦争調査会の活動は公然だった。ソ連代表が知っていたのも不思議ではない。ただし第一回開催から三ヵ月を経て提議したということは、ソ連にとってこの問題の優先順位が低かったことを示している。

ソ連代表は戦争調査会の構成・目的・任務を質す。アチソンは「半官的団体」と答える。設置された時の総裁が幣原首相であり、閣僚・各省次官等も含まれていたからである。アチソンは戦争調査会の総会における幣原の言明を引用し、つぎのように擁護している。「かかる委員会を構成することに付いて反対するなんらの根拠もないと思う」。アチソンにとって戦争調査会に反対するということは、「基本的自由を侵害せるもの」に等しかった。

ソ連代表は「半官的団体」であることに疑義を呈して、戦争調査会の委員の詳細なリストの提出を要求した。

中国代表は中立的な立場をとった。「本委員会の行動に対しなんら反対するものでなく、むしろよいことかも知れない」。中国代表からすれば、戦争調査会が「間違った方向」へ進みそうになった時には、GHQが止めればよかった。

イギリス代表のマクマホン・ボールは、ソ連代表以上に踏み込んだ発言をする。まず目的が不明確である。目的は将来の戦争の回避か、将来の戦争の敗北の回避か。戦争調査会での争点の一つがイギリス代表からも期せずして示されることになった。つぎに調査結果が東京裁判の結果と一致しなければ、容認しないとマクマホン・ボールは言い切る。彼は戦争調査会の委員のなかに、「軍閥」ではないけれども、「人民を戦争に導いた」旧軍人がいることに注意を喚起した。たしかに第二部会（軍事）の臨時委員七名中、陸軍中将三名、海軍中将四名で、たとえば宮崎周一陸軍中将が元参謀本部第一部長であり、あるいは前田稔海軍中将が元第一〇航空艦隊長官だったように、その役職上、戦犯容疑に対して潔白とは言い切れなかった。

ソ連代表はイギリス代表の発言にわが意を得たかのように、強硬論を主張するようになる。「この委員会の解散を勧告するものである」。なぜならば東京裁判と同じ機能を日本の「半官的団体」がおこなうと、「若干の日本人が今次戦争を正当化する具になり得るかも知れない」からだった。

アチソンはふたたび幣原の発言を引用しつつ、東京裁判と戦争調査会の機能は「根本的に違う」と反論する。アチソンと幣原の考えは同じだった。

このような米ソの論争の展開に対して、中国代表は中立的な立場を堅持した。

イギリス代表はソ連ほどには強硬ではなかった。「解散しろというところ迄《まで》はリコメンドしないが、委員会を設置する真の意味はない、寧ろ危険であるとさえ思う」と述べた。

## 争点は補償問題と労働立法問題

対日理事会は公開だったから、戦争調査会の関係者も以上の議論を知りえた。実際のところ、翌日の新聞各紙が報じている。ところが新聞の報道は、朝海のメモとは異なるトーンだった。

たとえば『朝日新聞』の見出しは「既払分をも含めて／補償を打ち切れ／労働法の徹底改正要求／ソ連提案」となっている。「既払分をも含めて／補償を打ち切れ」とは、軍需産業に対する政府補償の問題のことである。戦時中、政府は軍需産業に兵器の生産などを発注していた。その代金が未払いだった。ソ連は日本の軍需産業が蒙《こうむ》った損害の補償を政府に求めることに反対した。軍需産業に対する補償が払えるのならば、その補償金を被害国に対する賠償に充てるべきだったからである。

つぎの「労働法の徹底改正要求」は、労働立法問題をめぐる米ソの対立を引き起こした。ソ連の主張の建前は日本の労働者の保護にあった。資本家の搾取から労働者を解放するには労働法を「徹底改正」しなければならない。ソ連の主張は強硬だった。対するアメリカにとって労働改革は進行中だった。ソ連に指図される筋合はなかった。それよりもアメリカ代表のアチソンは、ソ連の要求によって、日本の労働運動が親ソ的になることを危惧した。

『朝日新聞』の紙面は主要な争点が補償問題と労働立法問題だったことを示している。戦争調査会問題の扱いは二次的である。この日の結論のまとめ方も朝海メモとは異なる。「米、英、中国三代表の反対で審議は打切られた」。米英中三国が一致して反対した事実はない。審議も打ち切られたとまでは確認できない。

『読売新聞』の方が正確である。「日本の戦争調査会阻止せず」の見出しの記事は、アチソンの主張を要約している。短い記事ではあるけれども、朝海メモと一致している。

以上に例示したように、日本の新聞報道を信じれば、戦争調査会問題は問題ではなくなったことになる。

**急進的か、穏健な労使協調か**

別の見方をすれば、戦争調査会問題は労働立法問題の論争の過熱によって、かき消されたに等しかった。アチソンの対ソ連イデオロギー批判は激しい調子のものだった。「日本に於ける共産主義もしくは共産主義的勢力の問題が、再びここで持ち出されたことは遺憾とするところである」。アチソンはつづける。「日本に於て共産主義を進めることを吾人は約束しているものではない」。

アチソンの憂慮には根拠があった。この年（一九四六年）、東宝、東芝、日本鋼管をはじめとして、各社で大争議が展開されていた。たとえば東宝では、この年二月から四月にかけて、組合側が撮影所、劇場で生産管理闘争（ストライキではなく経営側を排除して生産を管理する運動）をおこなった。戦争調査会の第四部会長馬場恒吾が社長を務める読売新聞社もそうだった。六月初旬に勃発した争議に出くわした馬場は、同月七日に、辞表を提出している。

しかし馬場は組合側との全面対決の姿勢を崩さなかった。六月二一日には警官隊五〇〇名が読売新聞社を包囲した。警官隊の一部が社内で会議中の組合幹部や社員五六名を検束するところにまでエスカレートした。

ソ連代表はこの読売争議での警官隊導入を非難した。「かかる事実は尚《なお》労働問題の調整が不満足であることを立証するものといわなければならない」。ソ連代表は日本の労働者を支持することで、アメリカによる戦後労働改革の不十分さを非難した。

さらにソ連代表は日本の労働者の保護と労働組合の育成を要求して、労働時間や賃金水準、年金等の詳細を並べ立てる。

対するアメリカ代表は、ソ連代表の要求事項の多くはすでに実行に移されていると答える。アチソンは「戦闘的な少数分子が新しき労働組合をミスリード」していることを問題視した。

このように労働立法問題をめぐって、ソ連は急進的な労働運動、アメリカは穏健な労使協調の運動をそれぞれ支持して、対立がつづいた。

**問題の収束?**

米ソ対立が冷戦のイデオロギー対立の様相を示す一方で、過去の戦争に対する関心は薄れていくかのようだった。七月二四日の第一〇回・対日理事会において、戦争調査会問題をめぐって、ソ連代表はつぎのように発言している。「自分はこの問題に付いて前回意見を述べたから本日は特に論議する必要を認めないし十分な情報も与えられた」。この発言を受けてアチソンは「本件を議題にのせるべきか疑問があったが一応載せて置いたに過ぎない」と述べた。これ以上の議論はなかった。新聞報道も、たとえば翌日の『読売新聞』の記事のように、「審議打切りとなった」と伝えている。

この日の主要な争点は「ファッショ的、軍国的及び反連合国的文書の没収」問題だった。アメリカ代表はこのような文書の没収を提案するソ連に対して、ヒトラーのドイツの焚書《ふんしょ》に似ると論難した。この問題をめぐって、米ソの対立がつづいた。他方で戦争調査会問題は事実上、収束したようだった。

## 政権交代と公職追放

戦争調査会と対日理事会がそれぞれ議論を展開するなかで、国内政治は変動していた。すでに述べたように、この年の四月一〇日、衆議院総選挙がおこなわれた。女性参政権がはじめて認められた総選挙だった。第一党は一四一議席を獲得した自由党である。第二党は九四議席の進歩党、第三党は九三議席の社会党である。首相の座に就くのは第一党の党首、鳩山一郎のはずだった。

ところがGHQ民政局は鳩山を嫌った。鳩山に首相の座が回らないように、第二党と第三党の連立を模索した。連立工作が不調に終わると、今度は鳩山を公職追放処分にした。自由党は吉田茂を誘って首相に就けようとする。しかしそのままでは過半数を得ていない少数単独内閣になってしまう。自由党は進歩党と連立を組む。吉田内閣には進歩党から幣原が国務大臣として入閣する。外交官出身者が中心となる吉田連立内閣が成立した。

公職追放の号外に見入る人びと（毎日新聞社提供）

以上のような国内政治の変動をもたらしたのは、直接には公職追放である。この年一月四日、GHQは公職追放令を発した。その結果、翌二月末までに一〇六七人の「軍国主義者」や「極端な国家主義者」が公職から追放された。追放の対象は広範囲にわたる。たとえば進歩党は現職議員の九五パーセントが追放された。社会党ですら一〇人の国会議員が該当した。これほどまでに強大な占領権力であっても、極東委員会と対日理事会の国際的な監視下にあった。

吉田は自由党から公職追放者が出ることを恐れた。吉田はC・ホイットニー民政局長に六月二〇日付で書簡を送る。この書簡は自由党の三木武吉《みきぶきち》と河野一郎《こうのいちろう》の適用除外を求める嘆願書だった。ホイットニーは陸軍航空隊中佐としてマッカーサーの指揮の下、対日戦を戦った。マッカーサーの信頼が厚く、約束なしで部屋に入れたのはホイットニーだけだった。吉田が嘆願書の送り先をまちがえることはなかった。

しかし同日付ですぐに届いた返信は謝絶だった。返信のなかの理由に注目する。「この問題は対日理事会と極東委員会のメンバーによって厳密に監視されており、もし好ましからざる人物が公的責任の地位にいぜんとして留まっていることを知ったならば……日本政府に対する疑惑と不信を生み、占領をより困難にし長期化させるだけであろう」。マッカーサーの占領政策といえども、対日理事会と極東委員会に監視されていた。とくに公職追放のような戦争責任に関連する問題はそうだった。

対日理事会においても、実質的な審議が始まった第二回（四月一七日）の主要な問題は公職追放だった。対日理事会ではその後もくりかえしこの問題が議論される。公職追放問題は戦争責任問題を呼び起こす。そうなれば戦争調査会問題に波及する恐れが出る。戦争調査会問題が収束したと楽観するのは早過ぎた。

## 対日理事会の懸念への対応

対日理事会における戦争調査会問題をめぐる議論にどう対応すべきか。第一回参与会議の主要な課題となった。参与会議は調査の総合的な指導の役割を期待されていた。その参与会議が最初に取り組んだのは、対日理事会の議論への対応だった。参与会議に提供された対日理事会の議事概要は詳細を極める。のちに述べるように、戦争調査会と朝海との連携があったことを考慮すれば、この議事概要は朝海メモだったようである。

青木は議事概要を報告したのち、対日理事会側の危惧がつぎの点にあることを指摘する。戦争調査会は「再び敗けない様な戦争を計画する」のではないか。青木は第一回総会における幣原の発言を引用して、調査の目的が「再び戦争をしないのだ」ということを明らかにすることにあると説明する。他方で「此の戦争は正当であったか、何《ど》うか、止むに止まれぬ戦争であったと言う様な委員の内外に極めて少数ではあるがある」ことを認める。青木はこの点をめぐって参与の意見を求めた。

松本潤一郎《まつもとじゅんいちろう》参与（法政大学教授、社会学の体系化を進めた著名な社会学者）は、対日理事会側の誤解を招かないようにすべきとの趣旨の発言をする。「今日の戦争が如何にして敗けたのであるか、今次の戦争をして将来の戦争の断念へのものにしなければならぬ」。尾佐竹《おさたけ》猛《たけき》参与（元大審院判事、史料実証主義に基づく明治憲政史研究者でもあった）も賛成する。「飽迄《あくまで》平和国家建設を言う目的にもって行き度《たし》」。参与会議は第一回・第二回総会の結論を確認することになった。

もう一つ尾佐竹は指摘する。「主観のない歴史はあり得ない」。史料実証主義に基づく歴史研究者の発言であることを考慮すれば、重要性は自ずと知れる。松本も同調する。「如何なる歴史家と雖《いえど》も主観論を入れずに書く事は出来ぬ」。戦争調査会の報告書もそうなるはずであり、戦争調査会の軌跡を追う本書の記述にも主観は入っている。

## ソ連の問題視——戦争調査会と旧軍関係者

八月七日の第一一回・対日理事会はなにごともなく終わるはずだった。最大の争点の一つ公職追放問題をめぐる米ソ対立が収束に向かったからである。朝海はメモに記す。「第十一回会議は対日理事会開会以来恐らく最初の平穏無事な会議であったと言えよう」。

この日、ソ連は戦争調査会問題を蒸し返そうとする。それにもかかわらず、朝海は楽観した。なぜならばアチソンがつぎのように応答したからだろう。「この問題は前回理事会の際貴代表は懸案とする要なしとさえ言ったように記憶して居る。しかも今日の議題にはこれが上程されて居らないから、これを上程することは議事規則違反（アウト・オブ・オーダー）である」。

そうだとすれば、取り上げるに及ばなかった。ところがアチソンは「発言したいというならば陳述せられて差支えない」と答えてしまう。

　ひとたび発言を許してしまえば、「但し議事手続上不正規であることには間違いがないと繰り返した」ところで、後の祭りだった。

　デレビヤンコ代表は提供された資料のなかの参加者リストを問題視する。そこには「顕著に軍事的専門知識を有すると思われる人」の名前があった。デレビヤンコは具体的に、「飯塚」(正しくは飯村)、「香月」(正しくは上月)、宮崎、戸塚、前田の名前を挙げている。彼ら飯村穣(陸軍中将)、上月良夫(陸軍中将)、宮崎周一(陸軍中将)、戸塚道太郎(海軍中将)、前田稔(海軍中将)は第二部会(軍事)の臨時委員だった。

　デレビヤンコは彼ら軍部の要職にあった人物が委員を務めていることから「一つの意味を類推し得る」と批判する。問題視されたのは、戦争調査会と旧軍関係者とのあいだに「組織的なる公的連絡もある」ことだった。

　アチソンにしてみれば、発言を許可したに過ぎなかった。正式な議題にしたつもりはなかった。アチソンは幕引きを図る。「元来この問題は議題にかかって居らないのであるからこれを討議することは正規の手続に反することを指摘致したい」。

　ところが翌日の『朝日新聞』は「ソ連、戦争調査会の解散を提案」と報じている。『読売新聞』の記事の見出しも「ソ連代表、戦争調査会を非難」となっている。問題は再燃することになった。

### 楽観を許さぬ情勢

問題の再燃にともなって戦争調査会は対応に追われる。八月一四日の定例部会長会議では、青木からこれまでの経緯の報告があった。報告のなかで、青木は、朝海をとおしてつぎのような善後策を講じた旨、説明している。

第一一回・対日理事会から二日後の八月九日、GHQの外交部次席を訪れた朝海は、戦争調査会を代弁して釈明に努めた。「本調査会の目的とするところは、決して今次戦争をジャスティファイせんとするものでもなく、その構成員を占領軍に対しオブジェクショナブルなものにしようとするものでもない」。戦争調査会の基本的な立場は、朝海の言うとおりだった。

朝海は謝意を表する。「アチソン大使が対日理事会で述べられた以上に日本側としても附加するところなく、同大使の発言には深謝しておるところである」。さらに朝海は「アメリカ側をエンバランスしたくない」と述べて、戦争調査会に軍人が参加している事情を説明のうえ、了解を求めた。「旧軍人が戦争を知っておる以上、彼等によって情報を求めざるを得ないのであるが、何れも臨時委員たるに過ぎない点を指摘したい」。

先方の答は朝海を不安にさせるものだった。「米国としても理事会の席において、殊にソ連、英国あたりから相当有力な非難あり、公開の席においては弁護するに困難な場合もある」。

心配する吉田首相と幣原総裁に相談した結果、今度は青木が八月一二日に直接、アチソンに対して、調査会の目的や旧軍人が臨時委員を務めている事情などを説明した。アチソンはつぎのように答えた。「マッカーサー元帥も大使自身も十分諒承しておるが、ソヴェトを始め、イギリス、ニュージーランド、豪州、カナダ等の諸国が本調査会の存置に反対しておるので困るのである」。

アチソンはこの問題の上程を許さず、門前払いしたはずではなかったのか。ところが実際にはアメリカは対日理事会の構成国としてソ連やイギリスと足並みを揃えなければならなかった。公職追放問題の場合と同様に、戦争調査会問題も対日理事会の監視下にあって、アメリカの独断では決められなかった。

以上の経緯と情報を伝えたあと、青木は「本調査会の前途は必ずしも楽観を許さぬ情勢に立至っておる」との認識を示す。八木第五部会長が意見を促す。渡辺銕蔵第三部会委員が的確に状況を言い当てる。「アメリカではこの委員会の本質は十分認めておるが、他がやかましいからいかぬというわけですか」。渡辺の言うとおりだった。

## 青木の決意

戦争調査会は最悪の事態に備える準備を始める。この日の部会長会議で斎藤隆夫は、第一部会では「まずこの戦争調査会の運命が確かに決まるまであまり進んだことはやめようじゃないか」ということになったと報告している。斎藤の報告を受けて、青木は「万一最悪の場合が起っても、必ずもう一回総会を開いて」、調査の方針・項目・方法を正式に議決しておきたいと発言した。渡辺銕蔵も「最悪の場合向うからやめろといって来た後で総会を開いて決定するのでなく」、先手を打って総会を開き調査項目を確定すべきだと賛同している。

青木の決意は固かった。「この調査会だけは竜頭蛇尾でなく、はっきりと結末をつけて、政府自身の発意によって解散することにしたらいいではないか」。最後の総会ということになれば、「平和国家建設に向って努力を傾注しておったのだということをはっきり〔幣原〕総裁から中外に宣明してもらいたい」。青木にとって戦争調査会の目的は平和国家日本の建設だった。

## 開かれなかった最後の総会

青木は朝海から示唆を得る。朝海は青木にアチソンの意向として、戦争調査会から「軍人出身者を全部やめ〔させ〕てはどうか」と伝えたからである。このことを知った幣原は憤慨した。「一体戦争のことを調査するのに軍人を皆抜いてしまってやれば、どんな調査や結果が出来るかね」。ともあれ青木は吉田首相の了解も得て、戦争調査会の存続を対日理事会に求める文書を作成する。

ところがあらためて青木が吉田を訪問すると、吉田は言った。「其の後マックアーサー元帥との間に相談した結果、軍人だけをやめる程度では納まらなくなって、結局調査会全体をやめねばいかぬ」。

昭和天皇とマッカーサー

青木は八月一四日に今度は幣原に呼ばれる。吉田首相を交えて善後策を協議した三人は、マッカーサーが戦争調査会廃止の意向であることを確認する。廃止までの猶予期間は、一、二ヵ月程度だった。廃止は九月末が想定された。

青木は総会の開催を急ぐ。ところが青木によれば、幣原は総会の開催に「左程熱意がない様に見受けられた」。青木の見るところ、幣原は戦争調査会を完全に廃止するのではなく、別の民間団体に引き継がせることを考えているようだった。結局のところ、最後の総会が開かれることはなかった。

一〇月二日の第一六回・対日理事会において、アチソンは戦争調査会の廃止を正式に認める。アチソンは言う。「日本政府は、対日理事会に於て英国及びソ連から批評があったので誤解されることを好まぬので、自らの発意によってこの調査会を解消することになったのである」。

アチソンの発言は不正確だった。形式手続き上は日本の自発的な意思による廃止だったのだろう。しかし実際はマッカーサーのGHQが対日理事会の構成国間協調を重視した結果だった。少なくとも戦争調査会問題に関する限り、マッカーサーが対日理事会を無視して独断で決めることはなかった。マッカーサーの連合国間協調の重視は、戦争調査会の運命を狂わせた。

こうして「なぜ戦争は起きたのか」を追究する国家プロジェクトは未完に終わった。総会＝二回、部会長会議＝五回、第一部会＝八回、第三部会＝九回、第四部会＝四回、第五部会＝六回、連合部会（第一、第二）＝三回、連合部会（第一、第二、第四）＝一回、連合部会（第二、第五）＝一回、参与会議＝二回、合計四一回の会議にもかかわらず、戦争調査会は調査結果を報告書にまとめることなく、九月三〇日付で廃止された。

本書の記述はここで終わらない。戦争調査会はインタビューや調査記録など多くの手がかりを残している。次章からはこの未完の国家プロジェクトを引き継いで、「なぜ戦争は起きたのか」を明らかにする。

# 第二部　なぜ道を誤ったのか？

## V章　戦争の起源

Ⅰ章からⅣ章までの第一部では戦争調査会における議論を再現した。戦争調査会は幣原（喜重郎）総裁や青木（得三）長官に継続の意思があったのに、思いがけず廃止に追い込まれた。戦争調査会は未完のプロジェクトに終わる。戦争調査会の議論は検証されず、未だ活用されていない多くの資料が残っている。

そこで第二部では戦争調査会の議論を手がかりに、残された調査資料の読解をとおして、戦争への道を検証する。別の言い方をすれば、第二部は戦争調査会の資料に基づく報告書を作成する試みである。

最初にⅤ章で戦争調査会におけるもっとも大きな争点の一つだった戦争の起源を考える。つぎに時系列に即して、以下の主題を追跡する。各章の主題は、満州事変期の国内状況と対外政策（Ⅵ章）、日中戦争の勃発から日米開戦に至る歴史的な展開過程（Ⅶ章）、第二次世界戦争下の日本（Ⅷ章）である。

### 明治維新の運命——八木秀次

満州事変から日中戦争を経て日米開戦に至る戦争の起源は、どこまでさかのぼることができるのか。戦争調査会が残した調査資料を手がかりに考える。

戦争の起源の問題は第一回総会から議論されている。もっとも遠い過去にまでさかのぼろうとしたのは、八木秀次第五部会（科学技術）長である。八木とはどのような人物か。戦争末期の一九四五年一月二四日、戦時下の科学技術の発展を目的として設立された技術院の総裁だった八木は、衆議院の予算委員会で答弁に立つ。「決戦兵器」の開発を問われた八木は、「必死必中」の「兵器」を生み出してしまったことを謝罪する。「戦局は必死必中のあの神風特攻隊の出動を俟《ま》たなければならなくなったことは、技術当局と致しまして洵に遺憾に堪えない、慚愧《ざんき》に堪えない所で、全く申訳ないことと考えて居ります」。技術院による「決戦兵器」開発の遅れが神風特攻隊を生んだとして謝罪する八木の姿勢は、戦時下の科学技術者の良心と至誠の極限を表していた。

八木秀次（国立国会図書館蔵）

八木は「明治維新まで遡って戴く必要がある」と述べる。なぜならば「統帥権の独立」が戦争の原因だったからである。八木は批判する。「統帥権の独立が軍に過大なる、分不相応なる政治力を与えたと云うことを強調しなければならぬ」。八木は明治維新に戦争が組み込まれていたことを強調する。「明治維新と云う事業の結果として一種運命的なものであった」。明治維新によって戦争が起ることに決まったかのような八木の口振りだった。

明治維新にまでさかのぼる見方は、八木に固有の個人的な見解というよりも、同時代において広く共有されていた可能性がある。この年（一九四六年）の岩波書店の月刊誌『世界』五月号に、のちに戦後の進歩派知識人の代表的な人物になる日本政治思想史家の丸山《まるやま》眞男《まさお》の論稿「超国家主義の論理と心理」が掲載される。

この論稿の社会的な反響を小熊英二『〈民主〉と〈愛国〉』に依拠してまとめるとつぎのようになる。当時の日本は極端な物不足で、出版に必要な紙も足りなかった。それでも人びとは、あの戦争は何だったのかを知ろうとして、難解な本にも飛びついた。このような敗戦直後の物と精神の飢餓状態のなかで、丸山の論稿は丸山自身が回想しているように、「呆れるほど広い反響を呼んだ」。

同時代の人びとに広く共有されたこの論稿にはつぎの一節がある。「維新直後に燃え上った征韓論やその後の台湾派兵などは、幕末以来列強の重圧を絶えず身近かに感じていた日本が、統一国家形成を機にいち早く西欧帝国主義のささやかな模倣を試みようとしたもの」だった。この一節を読めば、明治維新直後の征韓論と台湾出兵が戦争の起源だったと考えても無理はなかった。

**戦争の構造的要因――平野義太郎**

戦争の起源はどこまでさかのぼることができるのか。戦争調査会の調査でもっとも早くおこなわれたのが平野《ひらの》義太郎《よしたろう》の講演と質疑応答である。一九四五（昭和二〇）年一二月二六日に戦争調査会事務局でおこなわれた講演の表題「今次戦争の原因の世界史的及社会構造的究明」が示しているように、調査の目的は、戦争の構造的な要因を明らかにすることだった。

平野義太郎

戦前マルクス主義法学者だった平野義太郎は、治安維持法違反で検挙され東京帝国大学を追われる。その後「転向」して、戦時中は「大東亜共栄圏」を正当化する論陣を張る。さらに戦後は再「転向」して共産党に再接近する。平野は民主主義科学者協会の東京支部長や日中友好協会副会長、原水爆禁止協議会常任委員などを歴任している。

平野は時流に乗った変節漢ではなかった。今日では平野の「大東亜共栄圏」論も読み直しによって再評価されている。このような経歴の平野に対して、戦争調査会の調査官は、世界史における日本社会の構造の観点から戦争の要因を探り出そうとしていた。

## 問題は帝国憲法の運用

どこまでさかのぼればよいのか？　そう問われて平野は答える。「満州事変以後が問題となろうが、社会構造の点より明治維新以後も問題となろう」。明治維新にまでさかのぼる点で平野と八木は共通していた。

しかし平野は八木とは異なって、運命論者ではなかった。平野は言う。「明治に於ける日本資本主義発展が東洋に於て果した進歩的意義は無視し得ない」。平野は明治維新後の日本の経済的な近代化を肯定的に評価している。

肯定的な評価は明治のナショナリズムに対しても同様である。平野によれば、日露戦争前後までのナショナリズムは「国家独立即ち欧米植民地化の防止」をめざしていた。このようなナショナリズムは戦前昭和のウルトラナショナリズムとは異なる。平野は断言する。「民族自決的ナショナリズムは悪いのではない」。

平野はほかにも運命論とは異なる立場から重要な論点を指摘している。たとえば平野は

「人口過剰を以てする〔戦争〕擁護論」を批判する。なぜならば国内で「開墾の余地」や生活水準の向上による国内市場の開拓があったからである。平野は反問する。「実際問題として朝鮮、満州、中国には幾許《いくばく》も移民しておらぬではないか」。平野にとって人口過剰は非軍事的手段で解決可能な問題だった。

平野は人口過剰問題と同様に、資源不足問題も戦争を正当化しないと指摘する。資源不足問題は「国際条約に依《よ》らず暴力に依《よっ》た点」が問題だった。他方で平野に言わせれば、責任は日本だけにあったのではなかった。「国際連盟が其の機能を充分に果さなかった点が又問題とされねばならぬ」。

人口過剰問題と資源不足問題に対する平野の考えは、次章で取り上げる。ここでは日露戦争前後までの明治国家の構造のなかに、その後の戦争の要因を見出すことはできなかったことを確認すれば足りる。そうだとすれば、八木のような運命論に陥って、近代日本を全面的に否定する必要もなくなる。

そうはいっても八木のように、統帥権の独立を諸悪の根源と考える見方は今日においても残っている。問題は帝国憲法の構造よりも運用だった。帝国憲法は天皇大権を定めている。統帥大権もその一つである。統帥大権はたとえば外交大権と対等である。どちらが優越するということはない。天皇大権は相互にチェック・アンド・バランスが働く。それにもかかわらず、統帥大権が優越することがあったとするならば、それは帝国憲法下の政治の運用の問題だった。政治の運用の問題とは、たとえば一九三〇年のロンドン海軍軍縮条約締結時の統帥大権の解釈をめぐる政治対立（統帥権干犯問題）であり、あるいは一九三五年の憲法学者美濃部《みのべ》達吉《たつきち》の学説をめぐる論争（天皇機関説問題）だった。帝国憲法への政治的・軍事的な挑戦の問題と言い換えてもよい。これらの問題が起きたのは一九三〇年代に入ってからである。明治国家の憲法は昭和の戦争を必然化するものではなかった。

## 日露戦争の意味——馬場のソ連への反論

明治維新にまでさかのぼらなくても、日露戦争はどうか。すでにⅢ章で言及したように、戦争調査会では第四部会（思想文化）の第一回部会（四月二三日開催）において、部会長の馬場恒吾が否定している。馬場にとって日露戦争は「帝国主義的侵略」戦争ではなかった。帝政ロシアの打倒をめざすレーニンは、日本に「感謝」した。

なぜレーニンは「感謝」したのか。マルクスとエンゲルスは戦争が革命をもたらすことに期待する戦争革命説の立場だった。この戦争革命説の継承者レーニンは、自力では困難な帝政ロシアの打倒を日本に期待したからである。敵の敵は味方だった。

ところがスターリンは帝政ロシアの復讐戦争として日ソ戦争を戦った。馬場はソ連の御都合主義を批判する。「その時分には自分の味方みたいに言って、今になって日本は怪しからんと言うのは、僕は怪しからんと思っているのだ」。

ナショナリストの馬場は、ソ連のスターリンの言い草が気に食わなかった。「スターリンが、日本が樺太を取ったり、朝鮮を取ったりしたのは、帝国主義的侵略だ、というようなことを言って、ソヴィエトが満州に入ったりすることはよい」と正当化している。

この発言は、一九四五年九月二日のスターリンの対日勝利宣言を指しているように推測できる。この日、国後島《くなしり》を占領したスターリンは宣言した。「日本の侵略行為は、一九〇四年の日露戦争から始まっている。一九〇四年の日露戦争の敗北は国民意識の中で悲痛な記録を残した。その敗北は、わが国に汚点を留めた。わが国民は日本が撃破され、汚点が払われる日の到来を信じて待っていた。四〇年間、われわれの古い世代の人々はその日を待った。遂にその日が到来した」。

今でこそよく知られたこのスターリンの勝利宣言も、同時代において馬場が注目していたのは、ジャーナリスト出身だからとはいっても、慧眼《けいがん》と評すべきだろう。

馬場は反論する。「私は根拠のない説だと思っている」。それというのも日露戦争は帝政時代のロシアと日本との戦争だった。「帝政時代の帝国主義的侵略はいかぬといって、スターリン、レーニン一派は非常に攻撃していた」ではないか。馬場は反問する。「あの帝政時代にはたしかロシヤなんかの共産党は日本に感謝しておったのじゃないか。あれで日本が勝ったから、ロシヤの革命の素地が作られた」。

## 戦争と革命

馬場の指摘は的確だった。戦争が革命に転じることを期待したレーニンは、日本軍による旅順陥落に際して、つぎのように記している。「戦争が継続すれば、それだけロシアの人民の中での動揺と憤激は限りなく拡大し、新しい偉大な戦争、専制に対する人民の戦争、自由のための労働者の戦争の時機は近づく」。

レーニンにとって日露戦争でロシアが敗北するのは歓迎されるべきことだった。ロシア皇帝が戦争に敗ける。そうなれば労働者が立ち上がる。実際のところ、日本海海戦でロシアが敗れると、ロシア国内は革命前夜の様相を呈するようになる。ロシアが講和を求めるようになったのは、革命の抑制が目的だった。

日本の勝利に好機を見出したのは、レーニンだけではなかった。中国革命の父・孫文《そんぶん》もそうだった。孫文もレーニンと同様に、革命家の立場から、日露戦争が帝政ロシアだけでなく清朝中国をもゆるがす衝撃となることに期待した。

さらに日本は第一次世界大戦の戦勝国となる。馬場はソ連の言い分の矛盾ががまんなら

**日露戦争（遼陽近郊の日本軍）**

なかった。「第一次大戦の時にはソヴィエトは途中で潰れたけれども、連合国側だった。日本は五大国で日本様々なんだ。どうもソヴィエトが帝国主義的侵略戦だなんて言っているのは、ロジックが合わないと僕は思っている」。

馬場にとって日露戦争は日本の侵略戦争ではなかった。「祖国防衛戦争」とまでは言い切れない。しかし仮に日露戦争が日本による帝国主義戦争だからといって、何が問題なのか。帝国主義の時代の世界において帝国主義戦争をするのは悪いのか。馬場はそう言わんばかりの口ぶりだった。

さらに第一次世界大戦で日本は連合国の側について戦勝国になった。第一次世界大戦を戦ったのはいけないことだったのか。そんなことはない。このような馬場の立場に立てば、戦争調査会は、戦争の起源を日露戦争や第一次世界大戦よりものちの時点に求めるべきだった。

馬場は西郷隆盛《さいごうたかもり》の征韓論のように、明治国家に対外膨張志向があったことを認める。しかし「それを一概に帝国主義といって排撃すべきものかどうか、若しそれを帝国主義というならば、すべての国が帝国主義だ」。馬場は帝国主義の時代に帝国主義と批判することの無意味を指摘した。

**徳富蘇峰の近代日本擁護論**

馬場と同様に明治国家を擁護したのが徳富蘇峰である。東条英機の自殺未遂を冷笑した徳富も、一九四五年一二月三日に今度は自分がA級戦犯容疑の指名を受ける。徳富は裁判に備えて、弁護団に宣誓供述書を提出する。

徳富の宣誓供述書は弁明書というよりも近代日本を擁護する内容になっている。徳富は言う。「維新政府を組織したる重《お》もなる人物に就て、其の一人一人を吟味するも、未だ曾《かつ》て侵略主義者が維新の根本政策を作為したとか、指導したと云う事は、事実の上に其の痕跡だも見出す事が出来ぬ」。それでは明治国家は何をめざしたのか。明治国家の目標は、幕末期に結ばされた不平等条約改正と国家的な独立の達成だった。

徳富のみるところ、日本は大正時代の中頃まで平和を維持した。徳富は言う。「大正の中期迄は、殆《ほとん》ど一切の事が秩序整然として、明治天皇の平和の意思を遵奉《じゅんぽう》して行った」。徳富にとって戦争の起源は、明治維新から日露戦争まではもとより、大正時代の中頃までもさかのぼることができなかった。

## 徳富蘇峰と馬場恒吾

徳富と馬場は親交があった。徳富に戦犯の容疑がかかると、馬場は書簡を送って励ましている。「所謂《いわゆる》戦争犯罪人とは戦時国際法規を破ったものを指すらしく、先生などに関係なしと存じ候」。他方で徳富も読売争議で疲弊する馬場の労をねぎらっている。馬場は感謝の書簡を認《したた》める。「今日激励の御言葉を拝し百万之援兵を得たるよりも感激いたし候」。馬場は日本の「前途困難」を承知のうえで、徳富に「捲土重来《けんどちょうらい》」を促した。

徳富と馬場の意見をとおしてわかるように、戦争の起源を明治時代に求めるのはむずかしい。今日の判断基準に照らしても同じである。「必要のなかった日露戦争」と極論する立場であっても、日露戦争は「帝国主義的侵略戦争」ではなかった。日露戦争は「開戦の主導権を日本がとったという意味で日本がしかけた合法的な戦争であった」。徳富と馬場の明治国家擁護論には根拠があったというべきだろう。

## 「最大の禁物は、干渉政治」——徳富蘇峰の対中国認識批判

徳富の宣誓供述書でもう一つ注目に値する記述がある。徳富は近代日本の中国認識が日本の破滅を招いたと批判している。「日本人は支那与《く》みし易しと云う一念の為めに、自国を失わんばかりに大なる代価を払うた。今少し日本人が支那を知り、支那を研究し、支那に向って善処する途を得たならば、今日の如き事には立ち至らなかったと思う」。

徳富は近代日本の中国認識を批判することで、自身の責任を免れようとしたのだろうか。そうではなかった。その傍証を挙げる。徳富は日中戦争下においても同様に、日本の中国認識を批判している。一九三八年二月一日の『東京日日新聞』夕刊に寄稿して、徳富は「大陸経営の成功す可《べ》き見込は無い」と断言する。なぜならば「厚意の押売りには、満州国民は閉口している」からだった。徳富は満州経営の失敗が中国本土に拡大することを危惧する。「日本の親切が深厚なればなるほど、支那の民心は、必らず離反するに相違あるまい。それは支那人に取りて、最大の禁物は、干渉政治であるからだ」。

徳富は日本が「怨嗟《えんさ》の標的」にならないように、「文化事業」と「経済事業」以外には助言しない、「余計な助言は決して無用」と警告している。

徳富は同じ趣旨のことを一九三九年発行の啓蒙書『昭和国民読本』でも述べている。この本は『満州建国読本』（一九四〇年）や『必勝国民読本』（一九四四年）などと並んで、事

実上の『読本』シリーズとして多くの読者を得ていた。「支那を如何にす可き乎《か》」。徳富は答える。「我等は干渉もせず、放任もせず、彼等を誘掖《ゆうえき》〔導き助けること〕し、彼等を啓発し、彼らと協戮《きょうりく》〔心を一つにし、力を合わせること〕し、彼等と提携せねばならぬ」。徳富は批判する。「日本人は遂《つ》いに支那人を諒解し得ない」。そうだからこそ「我等の仕事の第一は、自から支那を諒解し、且つ支那人をして、日本を諒解せしむることだ」。徳富は日本側の認識不足を批判して、国民に日中相互理解の促進を求めた。

このように同時代において日本の中国認識を問題視していた徳富であるから、宣誓供述書の主張も後知恵の釈明とはいえなかった。日清・日露両戦争を経て形成された大国意識によって、中国を軽視する見方がもたらされたとするならば、中国に対する認識不足は、戦争の直接的な起源ではなくても、背景の一つだったと考えるべきだろう。

## 「平和とデモクラシー」——第一次世界大戦の日本への影響

戦争の起源は第一次世界大戦である。このように主張したのは幣原総裁だった。近代日本の急速な対外膨張のなかにのちの敗因が宿る。幣原はこのような見方を否定する。戦争調査会の調査範囲として、これでは広すぎる。そうではなくて、幣原は第一回総会（三月二七日開催）においてつぎのように発言する。「私は此の戦争と云うものは第一次世界戦争から其の因を発して居ると云ふ風に見て居るのであります」。

明治維新にまでさかのぼるのは長すぎる。もう少し短い期間がよい。「間接、直接の原因は第一次世界戦争ではなかろうか」。幣原は自説をくりかえした。

幣原にとって満州事変の勃発が敗戦の原因ではなかった。満州事変よりもさかのぼって、第一次世界大戦にその後の戦争の起源を求めるべきだった。

幣原は第二回総会（四月四日開催）でも自説を唱える。以下ではこの日の発言から幣原の第一次世界大戦観を要約する。

幣原が強調するのは第一次世界大戦が日本経済に及ぼした影響である。それまで日本は輸入超過の「貧乏国」だった。その日本が戦争景気に沸く。軍需品も民需品も不足する。日本は「全力を尽して軍需品、民需品を生産して彼等〔連合国〕に供給した」。その結果、日本国内はどうなったのか。「或る一部の実業家の連中はしこたま金を溜めて、そうして贅沢を始めた」。戦争成金の登場である。そうなると「風紀も紊《みだ》れて来た」。そこへ関東大震災が日本を襲う（一九二三年九月一日）。日本経済は傾き、ふたたび輸入国へ転落する。第一次世界大戦の前年の一九一三年は九七〇〇万円の輸入超過だった。第一次世界大戦が終わった年は二億九四〇〇万円の輸出超過である。それが翌一九一九年には七四〇〇万円の輸入超過に陥る。その翌年は三億八八〇〇万円の輸入超過だった。

震災の翌年（一九二四年）六月、護憲三派（憲政会・政友会・革新倶楽部）の政党内閣＝加藤《かとう》（高明《たかあき》）内閣が成立する。幣原はこの内閣の外相に就く。幣原のみるところ、加藤内閣の最重要課題は財政の緊縮による日本経済の立て直しだった。財政の緊縮は軍事費にも及ぶ。「軍隊の如きも段々縮小しなければならぬ、沢山な人を辞めさせなければならぬ」、そのような状況になった。

さらに第一次世界大戦後の「平和とデモクラシー」の潮流が日本にも押し寄せる。「軍隊なんてものは余計なものだ」。世の中の風潮は軍部の地位を貶《おとし》めた。幣原はこのような風潮を危惧した。「軍の人に対しては非常に神経を刺戟して、不穏の情勢はそこの所に醸されて居ると私は其の時に思って居ったのであります」。危機感に駆られた幣原は、陸軍軍縮を実行していた宇垣（一成）陸相に数度にわたって話した。「是は何とかしなければ若い軍人の人が間違った方向に走りはしないか」。

幣原は後悔する。「我々が余り財政緊縮を主にして、不必要に色々な方面の反感を惹き起したと云うことも、実は私等の責任のように考えて居って、何とか他の方法はなかったものかと近頃は胸に手を当てて考えて居ることがあるのです」。幣原は第一次世界大戦後の「平和とデモクラシー」の風潮が軍部を追い込み、のちの反発につながったと考えた。別の言い方をすれば、幣原は行き過ぎた「平和とデモクラシー」をもたらした第一次世界大戦にのちの戦争の起源を見出した。

## 一九一九年という転機

幣原と同様に、第一次世界大戦後とはいっても、より正確には一九一九（大正八）年だったと指摘する委員がいた。第一回総会における第三部会（財政経済）委員の渡辺銕蔵である。この年に何が起きたのか。渡辺によれば、この年は国家社会主義者の北一輝が「国家改造案原理大綱」を執筆した年だった。北の著作は二・二六事件（一九三六年）の首謀者たちに思想的な影響を及ぼした。二・二六事件で逮捕された北は、一九三六年一〇月五日の裁判において、「青年将校は改造法案を絶対的に信じ居りたるを承認するや」と問われて、つぎのように答えている。「何の程度に読まれて居るかを承知せざるも、青年将校間に読破せられあることを承認致します」。

北が青年将校たちに及ぼした影響は思想信条上だけに留まらなかった。北の影響はより直接的だった。事件当日、反乱軍は首相官邸から北に電話で暫定内閣の首班候補の適任者を問い合わせる。問い合わせに答えて、北は真崎甚三郎《まさきじんざぶろう》陸軍大将を適任者として指示している。

渡辺はこのことがわかっていた。

渡辺の理解するところによれば、北の著書は、外にあっては陸海軍の大拡張によるシベリア、豪州、香港の奪取、内にあっては「其の妨害になる特権階級、財閥其の他」の排除を議論していた。

渡辺にとって戦争の原因は軍部の反乱事件（二・二六事件）だった。二・二六事件の思想的な起源は北の著作である。そうだとすれば戦争の起源は、この著作が執筆された第一次世界大戦後の一九一九年になる。

渡辺に促されて戦争調査会が調べるべきは、第一次世界大戦が日本の社会思想に及ぼした影響だった。ところが公刊されている全一五巻の調査資料のなかにあるのは、昭和戦前期が中心であり、手がかりに乏しい。大正期の社会思想に戦争の起源を求めるとすれば、今日の研究を援用して考える以外にない。

北一輝

以下では幣原と渡辺の議論を前提として、一旦は戦争調査会の資料から離れて、第一次世界大戦後の社会思想の観点から、「平和とデモクラシー」と表裏一体の関係にあったこの時代の別の側面を明らかにする。

## 国民の軍人蔑視の感情

第一次世界大戦後の「平和とデモクラシー」の到来は、日本にも軍縮を求める。日本は軍縮に応じる。軍縮の受容は平和な時代における軍人に対する国民の蔑視感情をもたらす。現在の研究は第一次世界大戦をはさんで、「軍人万能」の時代から「軍人受難」の時代への日本社会の変容をたどりつつ、その後、戦争になっても軍人の「被害者意識」がつづいたことを明らかにしている（筒井清忠『昭和期日本の構造』）。

当時の軍人の社会的地位の低下に注目した先駆的な研究の一つに、一九六九年刊行の岡義武『日本近代史大系　第五巻　転換期の大正』（東京大学出版会）がある。同書が引用する印象的なエピソードを拾ってみる。

同書は一九二二（大正一一）年八月の『東京日日新聞』に掲載されている陸軍軍医の一文を引用する。この陸軍軍医は言う。「今や軍縮の声は陸海軍人を脅かし、彼らを『不安のドン底』に陥れている」。子供が言うことをきかないと、親は「今に軍人にしてやるぞ」と脅す。軍隊が演習で「ヘトヘトに疲れて」ある町にたどり着いても、「町の民家はいそいで戸をしめ、内から錠をおろす」。兵隊の宿営を断わるためだった。若い将校は結婚難に苦しめられ、「カーキ色の服は往来でも電車の中でも汽車の中でも、国民の癪《しゃく》の種」になっていた。

国民の軍人蔑視の感情は行き過ぎたところがあったかもしれない。この陸軍軍医の一文が記すように、若い将校たちのあいだで「不平の色、蔽《おお》うべからざるもの」があったのだろう。しかしつぎの数字を確認する時、軍人の不平にもかかわらず、軍縮は不可避だったことがわかる。

第一次世界大戦が終わった翌年（一九一九〈大正八〉年）度の国家歳出に占める軍事費の割合は四五・八パーセントだった。一九二一年には四九・〇パーセントに達している。これらの数字は戦争直前のイギリスの四〇パーセント、フランスの二五パーセントを上回る。第一次世界大戦後の平和の到来にもかかわらず、日本の軍事費の伸び率は顕著だった。結果として軍人の社会的な地位が下がろうが下がるまいが、軍縮を避けてとおることができなかったのは、誰の目にも明らかだった。

**軍縮と成金の時代**

陸軍は宇垣陸相の下で軍縮を受け入れる。陸軍軍人の怨嗟の的になる宇垣軍縮は、しかし陸軍予算の大きな削減をともなわないものだった。たしかに人員三万四〇〇〇人と馬六〇〇〇頭が整理されている。しかしその削減された経費は陸軍の軍備の近代化に費やされる。戦車隊、飛行連隊、高射砲連隊、通信学校、自動車学校の新設などである。宇垣は陸軍の組織利益を守りながら、政党内閣の時代に対応した。

陸軍軍人が軍籍を離れて政党に入党した例もあった。一九二五（大正一四）年、田中義一《たなかぎいち》陸軍大将は、立憲政友会に入党し、党総裁に就任している。第一次世界大戦後の政党内閣の時代において、陸軍の組織利益を確保する政治的な手段の一つだった。

海軍も軍縮に応じる。一九二一年から翌年にかけて、日米英仏伊の五ヵ国はワシントンで海軍軍縮の国際会議を開催している。この会議の結果、米英日の主力艦保有量の比率が五対三対三に決まる。日本の海軍内からは反対論が強かった。対米六割では守れない。「進攻艦隊は防守艦隊に対して五割以上の優勢な兵力を必要とする」。別の言い方をすれば、防守側（日本）は進攻側（アメリカ）に対して三分の二（約七割）の兵力が必要だった。このような対米七割論に基づく反対を押し切って調印に持ち込んだのは、加藤《かとう》（友三郎《ともさぶろう》）海相の強い指導力だった。

世界の主要国が軍縮に取り組むなかで、日本だけが反対すれば、それは陸海軍の組織利益を守るためのわがままだった。同情の余地はなかった。ところが軍部の青年将校のなかから組織利益を超えて、国家の革新をめざす者が現われた。軍縮と成金の時代に遭遇した彼らは「全く憤慨やる所を知らないものがあった」。彼らは国家主義思想と結びつく。国家主義思想の側は、「レビュー、ジャズ、喫茶店、酒場、明日に希望を持たない頽廃的享楽」に浸る大衆消費社会の「デモクラシー」状況を指弾していた。

第一次世界大戦後の「デモクラシー」状況に対するもっとも先鋭な最初の反動が一九二一（大正一〇）年九月二八日の安田財閥の創立者安田《やすだ》善次郎《ぜんじろう》刺殺事件である。国家主義者のテロリスト朝日《あさひ》平吾《へいご》は、安田を刺殺する前に、声明書を認《したた》めている。そこには有閑階級や富裕層への呪詛が記されていた。

### 総力戦体制の確立――バーデン・バーデンの盟約

他方で軍部（とくに陸軍）内から総力戦体制の確立をめざす勢力が台頭する。その里程標の原点となるのが一九二一（大正一〇）年一〇月二七日のドイツのバーデン・バーデンにおける「盟約」である。この日、永田《ながた》鉄山《てつざん》、小畑《おばた》敏四郎《としろう》、岡村《おかむら》寧次《やすじ》らののちに昭和軍閥を主導するメンバーが盟約を交わす。第一次世界大戦後の欧州情勢を観察すれば、世界は総力戦体制の時代に入ったことがわかる。そう考えた彼らは総力戦体制の確立をめざす。一例を挙げる。永田は一九二〇年の講演のなかで、つぎのように総力戦体制の確立を訴えている。「国家総動員なるものを行って、ありとあらゆる国内の諸資源諸施設を戦争遂行の大目的に向けて指向傾注する準備を確立しておくことが必要である」。同時に永田は「これら努力の源泉はいうまでもなく国民の体力・精神力・智力にある」と指摘している。永田は第一次世界大戦後の「デモクラシー」状況を前提に、総力戦体制の確立を急ぐ。

このバーデン・バーデンの盟約に関して、歴史社会学の重要な著作である筒井清忠『昭和期日本の構造』の二つの指摘に注目したい。

一つは「デモクラシー」状況と総力戦体制の関係である。総力戦体制の確立のためには「国民と一体化した陸軍」に改めなければならなかった。岡村は欧州を視察して、「国民と共に」ある陸軍である「必要性を感じていた」。同書は言う。「彼らもまた大正デモクラシーという一つの時代の子だったのである」。

この点を踏まえると、第一次世界大戦後の「デモクラシー」状況のなかに、戦争の起源を見出すことが可能になる。

ところが同書はもう一つ、つぎの事実に注意を喚起している。すなわちこのバーデン・バーデンの会談では「満蒙問題が記録に見るかぎり話された（もしくは重要視された）形跡がないということである」。総力戦体制と満州事変とのあいだに直接の結びつきはなかった。そうだとすれば、戦争の直接的な起源はここにはなかったことになる。

第一次世界大戦後の大正「デモクラシー」状況が国家主義と総力戦体制志向をもたらすことによって、のちの戦争に至る構造的な要因の一つが形成されたのはまちがいないだろう。しかしトランプゲームに喩《たと》えるならば、カードは揃っていなかった。戦争が不可避になったとするには、ロイヤルストレートフラッシュになるまで、手札を集めなければならなかった。

## 海軍省の「知恵袋」堀悌吉の証言

ワシントン海軍軍縮条約の成立後、一九三〇（昭和五）年に今度は補助艦の制限に関するロンドン海軍軍縮会議が開催される。ロンドン海軍軍縮条約の問題を重要視した戦争調査会は、当事者に講演を依頼して、質疑応答をおこなっている。当事者とは、ワシントン会議に随員として参加し、加藤友三郎の影響を受けた堀悌吉《ほりていきち》である。堀は当時、海軍軍務局長として山梨《やまなし》（勝之進《かつのしん》）海軍次官を補佐していた。堀は海軍兵学校で前後をとおしての秀才の誉れ高く、海軍省随一の知恵袋と評価されていた人物である。

一九四六年七月一一日の戦争調査会事務局における堀の講演と質疑応答のなかで、つぎの三点がロンドン海軍軍縮問題を考える前提として、注目に値する。

## 海軍の軍縮の受容

第一に海軍はワシントン海軍軍縮条約を受容していた。軍縮への海軍の反発は顕在化していなかった。この条約の下で日本も主力艦を廃棄している。廃棄方法は海中沈没や標的として実験に使われた。堀は廃棄を冷静に受け止めて、「小説の中で如何にも感傷的に、物語りのようにして書くのは面白くない」と言っている。

堀の受け止め方はインタビュー側の第二部会（軍事）の臨時委員矢野志加三（海軍中将、元海軍総隊参謀長）も同意する。「練習艦隊で候補生を連れて見に行ったのだが、一時感傷的なことはいうけれども、それで憤慨するとか、統制を破るとかいうようなことは海軍にはなかった」。矢野に言わせれば、ロンドン海軍軍縮条約の時もそうだった。「若い者が統帥を紊《みだ》るとかいうことは、私軍令部におったが、ロンドン会議の時はなかった」。

時の内閣は浜口（雄幸）首相の民政党内閣である。この内閣の外相幣原喜重郎と蔵相井上準之助の組み合わせは、協調外交と緊縮財政によって世界恐慌下の日本の立て直しを図っていた。協調外交と緊縮財政は軍縮を求める。浜口内閣は不退転の決意でロンドン海軍軍縮条約会議に参加する。

## 加藤友三郎と財部彪

第二にロンドン海軍軍縮条約の時の海相財部彪《たからべたけし》は、ワシントン海軍軍縮条約の時の海相加藤友三郎とは異なって、強力なリーダーシップに欠けていた。加藤は首席全権でもあった。しかしロンドンの時の首席全権は元首相で民政党の若槻礼次郎だった。戦争調査会では青木長官がこの点を質している。堀は答えて言う。「財部さんが奥さんと一緒に行ったことについて、変にいわれたこともある」。海相が夫人同伴で軍縮会議に赴くとは軍人にあるまじき態度だった。

堀は言う。「財部さんには、加藤さんに対するほど信頼がなかった」。財部に対する海軍の信頼のなさはつぎのエピソードが物語る。「財部さんは無頓着で、軍縮会議から帰って海軍省に来られたが、フロック・コートを着ておられたので問題になった」。なぜ問題になったのか。「海軍大臣がフロック・コートを着ておる。あれは軍人根性がなくなった」からだった。要するに財部は親政党色が強い海相として、海軍の一部から忌避されていた。

**ロンドン海軍軍縮会議（左から1人目が財部、2人目が若槻）**

## 日米妥協案の受諾

第三に海軍は当初、ロンドン海軍軍縮条約の締結に同意していた。しかし加藤寛治《かとうひろはる》海軍軍令部長と末《すえ》次信正《つぐのぶまさ》海軍軍令部次長のコンビが対米英七割に固執する。六割で譲らないアメリカとの交渉は難航した。会議が始まったのは一九三〇年の一月である。三月になっても続いていた。三月一三日ようやく妥協案が成立する。対米六割九分七厘五毛である。二厘五毛足りない。不足を補うのは潜水艦の保有比率だった。アメリカは日本の対米六割の主張から譲歩して、一〇割を認める。ただし日本側の主張する七万八〇〇〇トンを五万二七〇〇トンに引き下げる条件付きだった。

軍令部は反発する。三月一九日に首相官邸を訪れた加藤軍令部長は、日米妥協案をアメリカ提案と読み替えて、アメリカ提案の受諾は不可能である旨、一時間以上にわたって力説した。加藤は憤懣《ふんまんや》遣る方なかった。加藤は三月三〇日の日記に記している。「連日苦悶自決を思う事あり」。

現地のロンドンでは指導力に欠ける財部が日本全権団と軍令部とのあいだで板ばさみになり、苦悩していた。山梨次官は動揺する財部に三月三一日、電報を送り、若槻全権と共同歩調をとるように促す。山梨はこの電報をあらかじめ加藤に示して、加藤の捺印を得る。揺れ動いた財部も決意を固めた。四月一日、政府は日米妥協案の受諾を決定する。

さらに四月三日には伏見宮博恭王《ふしみのみやひろやすおう》海軍大将が海軍に指示する。「既に一旦閣議決定せる以上海軍が運動がましきことを為すは却て海軍にも不利となるべきを以て内容充実に向て計画実施を進め其の欠を補うことに努力するを望む」。

伏見宮の指示に逆らう訳にはいかなかった。加藤は四月六日の日記に記している。「末次に政治団体に交渉をもたざる様忠告す」。翌日、加藤は末次に「意中」を語る。辞任の覚悟だった。

## なぜ統帥権干犯問題が起きたのか？

以上のような経緯から堀は戦争調査会での講演原稿に記している。「統帥権問題の如きものが海軍より起る理由もなく又かかる問題が起るなど云うことは海軍に於ては思いもよらぬことであった」。軍令部の強硬論にもかかわらず、最後は四月一日の政府決定に至った。それにもかかわらず、なぜロンドン海軍軍縮条約の批准をめぐって、統帥権干犯問題が起きたのか。野党の政友会がつぎのように政府を攻撃したからである。「軍令部の反対を押し切って、民政党内閣が軍縮条約を締結したのは、統帥権を侵すものである」。

なぜ政友会は軍令部と結託して、ロンドン海軍軍縮条約を論難したのか。青木長官が質問する。「加藤さん、末次さんに政友会の方から働きかけて統帥権干犯だということをいわした。加藤さんはああいう方であったから、そういう深いところまでは御存知なくて、踊らされたといっては悪いかも知れないが、政友会が働きかけたのは、浜口内閣を倒すためであったというようなお感じはないか」。

堀が答える。「両方であろう。政友会は加藤さんを利用し、加藤さんや末次さんは、政友会を利用しておる。これは最初の目的は、海軍の主張を通すということ、終《しま》いにそういうようなやり方が、どんな結果になるかというお考えはあったかも知れないが、片方は片方を利用したということは、どちらにも適用できるという風に考えておる」。

日本全権団が苦労に苦労を重ねてようやく米英と合意に達したロンドン海軍軍縮条約の批准をめぐって、政友会は浜口内閣が天皇の編成大権を侵犯したと非難する。対する幣原外相の答弁は木で鼻を括《くく》ったものだった。「現にこの条約は御批准になって居ります。御批准になっているということを以て、このロンドン条約が国防を危うくするものでないということは明かであります」。

ややあって政友会側は事の重大さに気づく。「天皇に責任を帰し奉るとは何事であるか」。ここにロンドン海軍軍縮条約問題は天皇の信任をめぐって、政治問題化する。堀は直接的には政友会を間接的には加藤や末次の軍令部を批判して、つぎのように記す。「海軍に於ても既に収まって居た事件を掘り返し、徒《いたずら》に神経を刺戟して統帥大権の干犯という如き大袈裟な問題を造り上げたのではなかろうかと思われる」。

渡辺錠蔵委員が指摘する。「ロンドン軍縮会議が、日本の政治史上まずいところにぶつかって利用されたのだ」。「統帥権干犯」とは北一輝の造語といわれる。ここにも第一次世界大戦後の国家革新の影が差していた。

ロンドン海軍軍縮条約問題は海軍内の国家革新熱を扇情する。ここから一九三二年の五・一五事件が起きる。その前に条約批准の年の一一月一四日、浜口首相が東京駅で狙撃される。首謀者の佐郷屋《さごうや》留雄《とめお》は、当時の司法省刑事局の資料によれば、「ロンドン条約に関し起った軟弱外交統帥権干犯の世論に刺戟せられ、又政教社のパンフレット『統帥権問題詳解』及び『売国的回訓案の暴露』等を読み、痛く憤激した結果この挙に出たものである」。

ロンドン海軍軍縮条約の対米六割九分七厘五毛は、軍令部が要求した七割に二厘五毛しかちがわない。国内政治を犠牲にしてでも、このわずか二厘五毛を守るべきだったのか。ロンドン海軍軍縮会議が成果を得なかったとしても、交渉過程で生まれた日米英の協調は、つづいただろう。軍縮条約がなくても軍事費は削減されたにちがいない。そうだとすれば浜口内閣が強行する必要はなかった。

それでもロンドン海軍軍縮条約は批准される。この時、日本は第一次大戦後の「平和とデモクラシー」の頂点に達した。しかし成功の裏側で戦争への種子が蒔《ま》かれる。こうして戦争の起源をさかのぼると、第一次世界大戦後の国内社会状況に行き着いた。

# Ⅵ章　戦争と平和のあいだ

## 満州事変の不拡大の可能性

　ロンドン海軍軍縮条約の批准の翌一九三一（昭和六）年九月一八日、満州事変が勃発する。奉天郊外の柳条湖付近で起きた南満州鉄道の爆破事件は、関東軍の謀略だった。満州事変が日米戦争への起点だったことは容易にわかる。他方で満州事変によってその後の戦争が不可避になったのではなかった。

　満州事変の不拡大の可能性は昭和史研究のもっとも大きなテーマの一つである。これまでの研究は満州事変不拡大の可能性を協力内閣の可能性として論じてきた。満州事変勃発当時の首相は、前年にロンドン海軍軍縮会議の日本全権を務めた若槻礼次郎である。若槻の民政党内閣は、満州事変を政党政治に対する軍事的な挑戦、外からのクーデタと受け止めて、野党の政友会と協力内閣＝大連立内閣を作って、事変不拡大をめざした。

　それにもかかわらず、なぜ協力内閣構想は実現しなかったのか。協力内閣構想が実現に近づく。関東軍が自らブレーキをかける。満州事変の収拾の可能性が生まれる。民政党内閣は単独で乗り切ろうとする。政友会は敵に塩を送るようなまねをやめる。協力内閣構想は後退する。関東軍がふたたび拡大を始める。以上のような拡大過程の背景に、協力内閣を志向する内大臣牧野伸顕と単独内閣を志向する元老西園寺《さいおんじ》公望《きんもち》のふたりのあいだで権限争いがあった。さらに最新の研究では西園寺も条件付きながら、協力内閣を容認していたことが明らかになっている。協力内閣による不拡大の可能性は高かったことになる。
それなのになぜ協力内閣構想は実現しなかったのか。戦争調査会の資料から検証する。

満州事変

### 協力内閣構想

当時の事情を聞きたい最重要人物が若槻礼次郎であることは明らかだろう。戦争調査会は青木長官が自ら一九四六（昭和二一）年二月一五日に、伊豆・伊東の若槻の別邸を訪れている。この日、若槻は青木のインタビューに答えて言った。「大東亜戦争の発端は昭和六年九月十八日の事件にあると思う」。同時に「自分は事件の拡大するのを出来る限り止めなければならぬと思った」とも答えている。

事態は深刻だった。それというのも現地軍による軍事行動の拡大の一方で、一〇月になるとクーデタ未遂事件（十月事件）が起きたからである。この事件は国家革新をめざす陸軍将校たちの結社桜会《さくらかい》のしわざだった。彼らは一〇月二四日を決行日と定める。首相官邸を襲い警視庁や新聞社を占拠して、荒木貞夫陸軍大将を首班とする軍部内閣の実現を図る計画だった。

このような国内外からのクーデタの危機的な状況のなかで、若槻ひとりの手には負えなくなった。若槻は青木に向かって回想する。「当時、自分はこの事を思うと夜も寝られなくなって、全く不眠症に陥ってしまった。家内や女中に按摩《あんま》をして貰って、僅《わず》かばかり眠ると、すぐまた目が醒めて、それからは朝まで眠れなかった」。若槻は決心する。「いろいろ考えた末に、これは政友会、国民党、民政党が一致協力してこの軍部の横暴を押えるよりほかに途はないと思った」。

**なぜ構想は実現しなかったのか?**

以上は事実関係の確認である。これまでの理解とのあいだにくいちがいはない。たしかに若槻は協力内閣を決意した。それなのになぜ実現しなかったのか。つぎの若槻の談話記録は長文の引用に値する。

或る日、大蔵大臣の井上準之助と江木翼《えぎたすく》とを呼んで、この話をしたところが、二人は即座に反対の意思を表示した。井上は若しここで政友会、国民党と連立内閣を作るならば、今までわれわれのやり来った財政経済方針というものが根本から覆えされることになる、と言った。また江木は在野党は幣原外交が軟弱外交であるといって非難攻撃している際であるから、ここに連立内閣を作れば外交方針もまた根本から覆えされることになる。そういうことは到底これを認容することが出来ない、と言う。

満州事変が起きる前から、政友会と民政党は世界恐慌からの脱却をめざす財政経済政策をめぐって対立していた。政友会は積極政策、民政党は緊縮政策である。

政友会の積極政策とは、つぎのような路線の政策であることを指す。金本位制から離脱して円安を誘導し、輸出を拡大する。積極的な財政投融資によって、国内では地方振興、対外的には「満蒙」開発を重視する。

対する民政党の緊縮政策とは、つぎのとおりである。金本位制の下での緊縮財政によって財政規律の健全化を図り、日本経済の信用を高める。公債の増発を控えて国民生活を守る。国内では社会政策の実行、対外的には日中親善を重視する。蔵相の井上が緊縮政策を優先させて協力内閣構想に反対だったことはよく知られている。

## 江木翼の反論

注目すべきは民政党の中軸を荷う江木の反対論である。内務省官僚出身の政治家の江木は「民政党の知恵袋」として、党幹部への階段を昇り、第二次若槻内閣では鉄道大臣に就任する。江木は党の基本方針＝緊縮財政を忠実に守り、官吏減俸を推進した。また江木の伝記は、一九三一年二月から東海道線に三等寝台車を連結して、「一般民衆に多大の利便を与えた」と顕彰している。

江木は病を得て、柳条湖事件の直前に鉄相を辞任する。しかし党幹部としての江木の影響力は強かった。閣内で江木は安達謙蔵《あだちけんぞう》内相と対立していた。江木の伝記は江木の辞任が安達の台頭を許すことになったと惜しんでいる。江木は党の主流派と同様に、民政党の単独内閣で満州事変を乗り切る考えだった。さきに引用した若槻の談話から明らかなように、江木は協力内閣になれば、満州事変の不拡大ができなくなると強調していた。さらに一年前の出来事を思い出せば、政友会に対する江木の不信感は十分な根拠があったというべきだろう。

ロンドン海軍軍縮条約をめぐる一九三〇年四月二五日の国会審議において、政友会総裁の犬養毅《いぬかいつよし》は海軍軍令部を擁護して政府を論難している。「軍事専門家の意見と言えば、軍令部が其中心でなければならぬ（拍手）。軍令部は絶対に反対致すと声明を出して居るのであります、是では国民は安心出来ない」。軍令部は四月一日の政府決定をやむなく受け入れている。それなのになぜ犬養は、三月までの軍令部の強硬論を持ち出して反対しているのか。まちがいなく政策論議ではなく、党利党略の観点からの論難だった。

協力内閣が成立すれば、首相のポストは野党に渡す予定だった。協力内閣の首相は政友会総裁の犬養ということになる。一年前にロンドン海軍軍縮条約に反対していた犬養に満州事変の不拡大ができるはずはない。江木や民政党の側がそのように考えたとしても無理はなかった。

犬養に対する民政党側の不信感は、別の意味でも根拠があった。犬養にとって協力内閣の目的は何だったのか。一〇月一六日の夜、犬養健《いぬかいたける》（犬養の三男）が元老西園寺の秘書原田《はらだ》熊雄《くまお》に伝えている。「軍部の行動に対して、親父が非常に心配している。『最近何かクーデターのようなことがあるそうだが、原田の所に行ってきいて来い』ということであった。もしそんなことがあれば、陸軍の根本組織から変えてかからなければならないが、そうなると政友会一手ではできない。どうしても連立して行かなければ駄目だと思う」。犬養が危惧している「クーデターのようなこと」が十月事件を指しているのは明らかだろう。犬養にとって協力内閣の目的は、国内の危機（クーデタ）に対応することだった。民政党の側が満州事変の不拡大を掲げない犬養を信用するのはできない相談だった。

## 二大政党制の限界

民政党内でもっとも積極的な協力内閣論者だった安達謙蔵内務大臣は、若槻の翻意を責めた。若槻は談話記録のなかで認めている。「当時安達は若槻総理は最初協力内閣に賛成しておいて、あとからそれを前言を翻して反対したと言ったが、それは安達の言った通りである」。若槻が食言《しょくげん》を認めたからといって、済むような問題ではなかった。協力内閣構想に執着して、安達は辞表の提出を拒みつづけた。ここに閣内不一致を来たし民政党内閣は崩壊した。

民政党内閣に代わって犬養の政友会内閣が成立する。犬養内閣は積極政策一本槍で恐慌克服を最優先させる。他方で満州事変対策になす術《すべ》がなかったことは、以上の経緯から十分、予想できた。事実、満州国の成立（一九三二年三月一日）に至る過程で、個人的なルートによる対中国関係修復工作以外に、犬養が内閣として満州事変不拡大に取り組んだ痕跡はない。二大政党が協力すべき時に協力しなかった代償は大きく、取り返しがつかなかった。二大政党制の限界が露呈した。

## もう一つのチャンス＝リットン報告書

柳条湖事件から満州国の建国を経て、日中関係は悪化の一途をたどる。しかしすぐに全面戦争が起きたのではない。日中関係に部分的な修復の機会が訪れる。それはリットン調査団（イギリスのリットン卿を団長とする満州事変に関する国際連盟現地調査委員会）の極東における現地調査（一九三二年二月二九日に来日）の時だった。リットン調査団は一〇月に報告書を公表する。

戦争調査会の第一回総会（一九四六年三月二七日）において、渡辺銕蔵委員がリットン調査団に関連して、つぎのように述べている。「工業倶楽部へ来て貰って、あの一行〔リットン調査団〕に説明した。その時は百パーセント成功した」。

日本側が好印象を与えたことは、リットン調査団の一員のドイツ人政治家ハインリッヒ・シュネーの調査同行記で確認することができる。シュネーは記している。「われわれは商工業者の連合団体に招かれ、工業クラブの会合に出かけた。小人数の集まりではあったが、ここには大企業の幹部連

リットン調査団

が出席し、彼らの打算や希望に即し、当面の日中間の紛争をいかに解決すべきかについてそれぞれ興味ある演説をした。……私は、これらの紳士たちが、人種の相違こそあれ、ヨーロッパの企業家や銀行家とあまりにも類似しているのを発見して驚いた」。

それにもかかわらず、なぜリットン報告書によって日中関係は修復に向かわなかったのか。渡辺は日本側の対応の責任を追及する。「リットン報告は我々読んで見ると、満州は日本で自由にしなさいと書いてある。それを誤解してしまって、勝手に一人で腹を立てたという状態である」。いくら何でも「満州は日本で自由にしなさい」とは書かれていない。渡辺は誇張している。

しかし満州事変が日本の中国侵略であるとは断定していない。慎重な書きぶりになっているのはたしかである。満州国は中国の主権が認められる自治政府に改められるべきだった。しかしそれは「何等過激なる変更なくして現制度より進展」させることで可能であると記されていた。

ところが、リットン報告書は満州国の存在を否認していると「誤解」して、日本は「勝手に一人で腹を立てた」。リットン報告書の現実主義的な深謀遠慮に鈍感な反応を示した日本は、みすみすチャンスを逃した。

リットン報告書の下で日中が折り合うのでなければ、国際連盟はこの問題から手を引くようになる。日本にとって深刻だったのは、国際連盟脱退にともなう国際的な孤立よりも日中二国間関係の修復に失敗したことだった。

## 日中冷戦

リットン報告書に基づく国際連盟の対日非難勧告に反対して、日本政府は一九三三（昭和八）年三月二七日、国際連盟からの脱退を正式に通告する。日本外交にとって重要だったのは、対国際連盟関係よりも対中関係だった。満州事変以来の現地軍の作戦行動は、満州国の建国と日本による満州国の承認（一九三二年九月一五日）後もつづいていた。

関東軍にとって当初の最大限の目標は「満蒙領有」（日本の植民地化）だった。「満蒙領有」ではなく、傀儡国家ではあっても満州国が建国されれば、軍事作戦行動はいずれ自ずと収束する。

それがこの年五月三一日の塘沽《タンクー》停戦協定だった。満州事変の拡大には限度があった。関東軍の軍事行動は万里の長城の線で止まる。満州事変は中国本土への戦線の拡大を意図していなかった。現地軍は対ソ戦に備えて、満州国を軍事的な拠点と資源供給地にすることを優先した。万里の長城を越えて中国と全面的な軍事衝突が起きることは回避しなければならなかった。

他方で中国は、日本の国際連盟脱退通告後、国際連盟による対日経済制裁などの支援を受けることができなかった。欧米諸国も傍観した。やむなく日本との妥協に応じた。満州国の存在によって、日中関係の全面的な関係修復は困難になったものの、戦争が不可避になったのではなかった。日中関係には平和でもなく戦争でもない、冷戦状況が訪れた。

## 人口問題と資源不足問題

ここであらためて戦争調査会の第三部会（財政経済）第一回部会（一九四六年四月一六日）における渡辺銕蔵の問題提起を検討する。一九三〇年代の日本は「経済上非常に窮屈」だった。人口問題と資源不足問題の解決をどうすべきか。「経済的発展で宜いと勿論我々は思って主張しておった」。ところが「領土的拡張で行かなければならぬという考えが勝った為め斯様な戦争になったものだと思う」。

渡辺は「領土拡張で行かなくても経済的発展で十分補えた」と考える立場だった。このような見解には反論が予想された。渡辺は先回りして述べる。「戦争をやるまでに誤解があったと思う。例えば経済的に圧迫されておったとか――例を挙げればオッタワ会議で英帝国ブロックが日本をいじめておるとか……戦争誘発に関して経済上の問題につき誤解があった」。一九三二年七月から八月、英連邦諸国はカナダのオタワで英帝国経済会議を開催し、オタワ協定を結び、帝国内特恵関税制度を確立した。一九三〇年代のブロック経済を主導するイギリスの特恵関税制度によって、日本は世界経済から排除される。延《ひ》いては戦争に至る。渡辺はこのような見方を「誤解」と退ける。一九三〇年代においても日本は領土的拡張ではなく、経済的発展が可能だったのだろうか。

## 五・一五事件の波紋

満州事変の拡大になす術のなかった犬養内閣は、さらに五・一五事件に遭遇する。国家革新をめざす陸海軍の青年将校が中心となって、クーデタ事件を引き起こす。犬養首相が暗殺される。ロンドン海軍軍縮条約の批准に反対した犬養を暗殺するのは合理性に欠けるようにみえる。しかし五・一五事件の首謀者たちにとっては、政友会も民政党も五十歩百歩のちがいでしかなかった。

犬養を襲った首謀者のひとりで陸軍士官学校の篠原市之助《しのはらいちのすけ》は、一九三三年七月二七日の裁判において、つぎのように陳述している。「現在の政党は、此非常時に於ても政権に執着して挙国一致の意思のないことは、民政党内閣が現在政友会内閣になったことで判って居ります。又合法的手段が他にないのであります、私共にはないのであります」。軍縮条約をめぐる二大政党間のちがいはどうでもよかった。二大政党による政党政治を打破しなければならない彼らにとって、犬養の暗殺に疑問の余地はなかった。

五・一五事件は内閣製造者・最後の元老西園寺公望に影響を及ぼす。衆議院の多数政党から首相を出すことが慣例になっていた。この慣例に従えば、後継は政友会総裁鈴木喜三郎《すずききさぶろう》ということになる。今日の研究は、天皇の「希望」が伝えられる。西園寺は鈴木を選ぼうとする。そこへ天皇からの「希望」が伝えられる。今日の研究は、天皇の「希望」の背景に政党内閣への不信感と軍部の暴走への危機感があったと指摘している。西園寺は悩む。鈴木では政友会の政党内閣になってしまう。政党内閣でないとすれば、誰が軍部の暴走を抑えられるのか。西園寺は熟慮の末、犬養内閣の後継に、政党政治家ではなく、ロンドン海軍軍縮条約に賛成した海軍の「穏健派」斎藤実《さいとうまこと》海軍大将を推薦した。

斎藤内閣は犬養内閣の置き土産とも言うべき高橋是清《たかはしこれきよ》蔵相の留任を得る。渡辺の問題提起はこの歴史的な文脈において検証される必要がある。

## 『外交時報』による検証

日本経済は非政党内閣ではあっても、高橋財政によって回復していく。高橋財政の要点は三つある。第一に金本位制からの離脱にともなう円安の誘導によって輸出を振興する。第二に低金利による金融の円滑化を図る。第三に財政支出の拡大を進める。

高橋財政の輸出振興策によって集中豪雨的なまでに輸出が拡大したことは、本書のI章で確認したとおりである。低金利政策は投資を呼び起こす。財政支出の拡大は、農村で土木事業などの農村救済を目的とする「時局《じきょく》匡救《きょうきゅう》事業費」を可能にする。

渡辺の斬新なブロック経済理解は、I章で言及したように、一九三〇年代の日本経済が国際的に孤立していなかったことを示唆する。同時代においても同様の認識はあったのだろうか。渡辺の理解が後知恵でなかったことを調べなくてはならない。

検証作業として用いる史料は、雑誌『外交時報』の記事である。一八九八（明治三一）年創刊の『外交時報』は、当時の日本を代表する外交専門誌だった。『外交時報』は学術誌・評論誌・報道誌の三つの機能を兼ね備えていた。同時代の人びとは、『外交時報』というもっとも重要な情報誌を手にしていた。

一九三〇年代をとおして、『外交時報』は発展を遂げる。一九二一年には平均一三〇頁だったのが一九三一年には二一七頁、一九三九年には二五四頁にまで拡大している。本社は丸の内の一等地にあった。寄稿者は専門家から政治家、軍人と多彩で、誌面構成には懸賞論文企画や読者からの質問に答える「外交考査」「外交問答」の欄を設けるなどの工夫があった。質問は募集一回につき一〇〇を超えるほどだった。正確な発行部数は確認できないものの、多くの読者に支えられていたことがわかる。

## 保護貿易と自由貿易

最初に取り上げるのは、東京商科大学教授猪谷善一《いたにぜんいち》「世界貿易の新情勢と貿易学説の再吟味」(七二八号、一九三五年四月一日)である。この論稿は高橋財政の成功を数字で確認する。一九三一年度を一〇〇とすると、一九三四年度の輸出は一八九・四、輸入は一八四・七の驚異的な飛躍である。

つぎにこの論稿は、世界恐慌下の貿易収縮に対する新しい動向として、「不況打開の道を政治的・経済的に従属関係に立つ国々を糾合したブロック経済」の台頭を指摘する。注目すべきはつぎの一節である。「かかるブロック間に於ける貿易は、ブロック以外の諸国に対する貿易に比し、貿易萎縮度が少いか或は増加さえ示している」。

英帝国特恵関税ブロックに関して具体的な数字を引用する。一九三一年の輸入、対英帝国二八・八パーセント、対ブロック外地域七一・二パーセントがオタワ会議をはさんで、一九三三年はそれぞれ三六・九パーセント、六三・一パーセントになっている。輸出はそれぞれ四一・一パーセント、五八・九パーセント、四一・八パーセント、五八・二パーセントである。オタワ協定の前後で輸出に大きな変動はない。輸入はブロック内が増加傾向ではあっても、ブロック外からの方が多いことに変わりはなかった。

ブロック経済体制下であっても、ブロック内よりもブロック外との通商貿易関係の結びつきが強い。このようなブロック経済理解は一九三〇年代をとおして、同時代の知識人に共有されていたと考えられる。

たとえばのちの首相近衛文麿の助言者集団＝昭和研究会は、一九三九年の報告書のなかで、つぎのように指摘している。第一に「世界の各経済ブロックは、自給自足が可能なだけの十分な資源をもっていない」。第二に「ブロック内での生産は、ブロック内で消費しきれないほど過剰である」。第三にしたがって自給自足圏は「空想」に近い。日本はブロック経済に依存することなく、通商貿易の自由を求めなければならなかった。

『外交時報』の論稿に戻る。この論稿は保護貿易に反対だからといって、自由貿易の単純な擁護論を展開しているのではない。それよりも高橋財政の成功による輸出の増加が世界的なボイコットを招くリスクを重くみている。

この論稿は「古き自由貿易への修正」の立場に立つ。この立場はブロック経済を否定しない。しかし英帝国ブロックと同様に「日満ブロック」も批判する。どちらの経済ブロックにおいても「政治的・経済的従属諸国は、その支配国に対して商品市場を排外的に提供すべく運命づけられている」。この論稿はこれら二つのブロックに共通する支配―従属関係ではなく、「支配者国は従属国との共存共栄を基調」とすべきであると主張していた。

## 高橋蔵相の対満投資抑制論

　以上の議論よりも踏み込んだ大胆な発言をしたのが高橋蔵相だった。経済回復が軌道に乗りはじめたこの年の一月八日の閣議において高橋は、新聞が「満州事件費に／蔵相が重大発言」と報じたように、満州事件費の削減と対満投資の抑制を求めた。高橋は提言する。「満州への投資と雖も対外投資と変りがない」。それゆえ国際収支と為替相場に及ぼす影響を考慮すると、削減と抑制が必要である。高橋は各省のなかでもとくに陸軍に注意を喚起した。新聞は高橋が前年度の満州事件費約一億四〇〇〇万円のうち、約四〇〇〇万～五〇〇〇万円の大幅な削減を考えているのではないかと推測している。高橋は民間の対満投資も「為替相場等に及ぼす影響を考慮して」、慎重な対応を求めた。

　財政収支の均衡のためならば、満州事変費を削減し、対満投資も抑制する。高橋の大胆な提言は大きな反響を巻き起こした。この年の四月、『東洋経済新報』主筆の石橋湛山が高橋に質問している。「此の正月頃大臣は満州投資の抑制と云う事を云われたとかで、大分世間を驚かされたようですが」。高橋は答える。「満州の事は、之も兎《と》角《かく》無駄費《づか》いになりたがる……一寸注意をしたのです」（「……」は原文のとおり）。短期間で恐慌から脱却するには、赤字公債を発行してでも、財政投融資による景気刺激策が必要だった。しかしこれ以上の出超は許されない水準に達した。高橋は財政健全化に舵《かじ》を切った。

**青木得三の反論**

高橋の提言に嚙みついたのが当時すでに大蔵省を退官していた青木得三だった。青木はさきの論稿が掲載されているのと同じ号の『外交時報』において、論陣を張っている。青木は反論する。「多少の不利益を忍んでも満州国に対して投資を為し、以て其の資源を開発し、其の企業を発展せしめることが日本民族の使命ではないか」。青木にとって満州国に対する投資は英米に対する投資とは異なっていた。青木の立場はさきの論稿の立場に近かった。

青木の論稿の示唆するところから、日本と満州国の関係が支配—従属関係を脱却すれば、その後の日中戦争が起きることはなかったことになる。

このような見方は戦争調査会の一部の委員に共有されていた。一九四六年五月六日の第一・第二連合部会において、第一部会（政治外交）委員の大河内輝耕貴族院議員（子爵）が述べている。「もし満州事変でぴしゃっと止めて、あの開発をやっておったならば、今日日本は到る処歓呼の声であるだろうと思う」。「歓呼の声」は大げさにすぎるとしても、日中戦争回避の可能性は残っていた。

**修復に向かう日中関係**

この年（一九三五年）、日中関係は修復に向かっていた。一月の議会において広田《ひろた》弘毅《こうき》外相は、「在任中戦争なし」と演説している。

『外交時報』の論稿（横田實「日支関係の一大転換——蔣介石氏の支那統整と提携必至論」）も日中関係の修復が軌道に乗った状況を描写している。「日本と握手して友好関係を恢復《かいふく》する以外、支那存立の方策なし、とした支那最高首脳部の動きは直ちに輿論に反映して、過去に全く見るを得ざりし活発なる日支提携論が両国輿論界の主流をなすにいたった」。この論稿は難局を打開した外務省の「勇気と努力」を讃えて、「日本は宜しく一国を挙げて日支提携の完成に努力すべきである」と述べている。

以上要するに、一九三〇年代のブロック経済の時代においても、日本は自由貿易と保護貿易のバランスをとりながら、経済的な発展を志向していた。日本の経済発展志向にともなって、日中関係も修復に向かっていた。

**革新運動対自由主義陣営**

一九三〇年代前半の経済発展志向と日中関係の修復が戦争回避につながるか否かは、軍部の動向（軍部の政治介入、別言すれば軍部の国家革新路線）に左右された。戦争調査会の第二部会（軍事）の調査室（第二調査室）は、この問題に関する資料収集に従事している。

第二調査室の資料のなかに、同時代の諸論稿の手書きコピーがある。同時代の論稿は玉石混交、大半は信憑性《しんぴょうせい》に乏しい真相暴露本だった。それらのなかから第二調査室が精選した論稿として、ジャーナリスト岩淵辰雄《いわぶちたつお》のものがある。以下では『世界週報』に連載された「日本右翼運動史」に依拠しながら、一九三〇年代における軍部の政治介入の過程を追跡する。

この論稿は、軍部と自由主義陣営の対抗関係において、斎藤内閣期の国内政治社会状況を描いている。「これら自由主義者が漸次その勢力の回復を示しつつある諸種の徴候が、公然社会の表面に現れるようになった」。岩淵の論稿はつづける。「当時未だ日本の社会思想を左右していた左翼自由主義は、軍部の政治干与をもって、わが政体からしても不当なりとしてこれを手痛く論難した」。

このような自由主義陣営の台頭に対して、軍部の革新運動の側の対抗措置が一九三三（昭和八）年一二月九日の荒木（貞夫）陸相による「軍民離間に関する陸相談話」だった。荒木はこの談話のなかで、政党を念頭に置きながら、つぎのように「軍民分離の言動」を批判している。過去の戦争において戦死したのは「庶民階級のみにして高級指揮官に戦死者なし」、あるいは「軍事予算のため農村問題は犠牲に供せらるるものなり」というような「軍民分離の運動」を黙視することはできない。

政党の側も黙ってはいなかった。第六五議会において、安藤正純《あんどうまさずみ》や斎藤隆夫が軍部批判を展開して、一九三四年一月に荒木陸相を辞任に追い込んだ。この論稿は断言する。「国内革新の先鋒として華々しく登場した荒木陸相の退陣が、満州事変以来急激に抬頭した軍部革新派の一頓挫を意味したことは事実である」。

## 「合法派」対「非合法派」

この論稿はもう一つ別の次元の対抗関係を指摘する。それは軍部内の「合法派」と「非合法派」の対立である。「合法派」は合法手段によって国家革新の実現を図る。対する「非合法派」はテロやクーデタなどの非合法手段による国家革新の実現をめざす。

岩淵の論稿は「合法派」対「非合法派」の対立を臨場感にあふれる筆致で描く。「その運動は急激に尖鋭化し、国家主義陣営のいたるところで不穏行動の計画や情報がきかれるようになった。発行人不明の怪文書、不穏文書は、全国同志の間に乱れ飛び、斬奸状《ざんかんじょう》は白昼堂々と重臣顕官の邸に舞込んだ」。同論稿によれば、「非合法派」を陰で操っていたのは北一輝たちだった。

革新運動対自由主義思想と「合法派」対「非合法派」の対立は、自由主義思想と「合法派」の連携によって「非合法派」の抑制の可能性を示唆する。この論稿によれば、自由主義陣営と「合法派」は「朝飯会」をとおして相互接近したという。「朝飯会」とは内務省の官僚出身の貴族院議員伊沢多喜男《いざわたきお》を中心とする政治グループを指す。主要な会員は、軍部では永田鉄山陸軍軍務局長、重臣層では元老西園寺の秘書の原田熊雄や内大臣秘書官長の木戸幸一《きどこういち》だった。そこへ統制経済体制による国家社会主義を志向する革新官僚も参加する。「朝飯会」は、伊沢が重臣層と陸軍の一部、革新官僚を結びつけて、合法的に国家革新をめざす組織横断的な政治グループだった。

北らの国家社会主義者の影響を受ける「非合法派」は、軍部の永田グループが「国家の革新を阻止」しようとしているように映った。「非合法派」は反撃に出る。それが相沢事件だった。一九三五（昭和一〇）年八月一二日、「非合法派」の陸軍中佐相沢三郎《あいざわさぶろう》がこの日、永田を斬殺した。さらにこの年は国家主義者たちが天皇機関説問題によって、自由主義陣営を追い詰めようとしていた。

国内政治社会における対立の激化の間隙を縫うかのように、現地軍がふたたび動き出す。この年、現地軍は中国の華北五省を蔣介石の国民政府から政治的に分離して「親日」地帯化する華北分離工作を始める。修復に向かっていた日中関係は悪化へと反転

二・二六事件

する。

**二・二六事件**

さらに翌年、国内では国家革新をめざす「非合法派」の青年将校たちがクーデタ事件（二・二六事件）を起こす。首謀者たちが斎藤実や高橋是清を暗殺したのは、彼らの目的の一つが自由主義陣営の打倒だったことを示している。

岩淵の論稿は二・二六事件に対する陸軍の組織的な関与を指摘する。「軍首脳部はこれら青年将校のテロ行動を利用しつつ、元老、重臣、政府、財閥、政党、言論界等を脅かし、順次その勢力を各界に伸ばしたことも決して否定出来ない」。

しかし「非合法派」の計画は失敗する。二・二六事件は鎮圧される。北一輝や首謀者たちは死刑に処せられた。「軍内部の非合法的革新機運は急激に抑圧された」。代わりに「合法派」が再台頭する。永田を失った「合法派」は、自由陣営との連携を断ち切って、自立するようになる。その現われの一つが二・二六事件後に成立した広田（弘毅）内閣における軍部大臣現役武官制の復活だった。

### 宇垣一成の組閣断念

他方で「非合法派」の敗北は自由主義陣営にとっても好機到来だった。元老西園寺を含む彼らは切り札の宇垣一成を首相に推す。大正期に陸相として軍縮を進め、国民の人気も高い宇垣は、首相の最適任者だった。浜口（雄幸）内閣後、民政党は一貫して、宇垣を首相候補に考えていた。宇垣ならば軍部を抑制できる。そのような期待もあった。とくに犬養の政友会内閣崩壊後は、政友会と民政党の政民提携内閣の首班に想定されていた。宇垣内閣の成立が戦争回避の里程標だったことは、戦争調査会もわかっていた。青木長官は一九四六年五月三日の第一回部会長会議において、宇垣からの直接の聴取を求めたところ叶わず、代わりに宇垣の側近の林弥三吉（陸軍中将）の話を聞くことになった旨、報告している。

二・二六事件によって、「非合法派」が駆逐されたことは、対立の図式が再編されて、「合法派」対自由主義陣営の対立が顕在化することを示唆している。宇垣内閣問題の帰趨《きすう》は、この新たな対立図式のなかで理解できる。一九三七（昭和一二年）一月二五日、宇垣が組閣の大命を受ける。その際、天皇から「組閣を命ず、組閣の自信ありや」と問われている。天皇の不安は的中する。陸軍が陸相に適任者なしと通告してきたからである。宇垣は悪戦苦闘ののち、一月二九日に組閣を断念した。

一九四六年五月一〇日の戦争調査会の講演において、林は当時、天皇の意思に依拠して正当性を主張した旨、語っている。「そもそも組閣行為は純然たる政治行為である。これに向って軍を提《ひっさ》げて反対するとは違勅ではないか」。あるいは「そもそも軍は大元帥陛下の軍である。陸相は果して陛下の御裁可を経て発表せられたものであるか」。

対する陸軍は三長官（参謀総長・陸相・教育総監）会議の推薦がないことを楯に陸相を出さなかった。

陸軍の主張は辻褄《つじつま》が合わなかった。なぜならば前年の議会で広田首相が陸相は三長官会議の推薦を経ることなく、「大命を受けました者が任意奏薦して宜しい」旨、答えているからである。広田内閣の下での軍部大臣現役武官制と首相による陸相の任意奏薦は、軍部「合法派」の要求によるものだった。「合法派」は広田の後継に陸軍大将（おそらくは林銑《はやしせん》十郎《じゅうろう》）を想定していた。陸軍出身者の首相の権限を強化する。それには軍部大臣現役武官制と陸相の任意奏薦が必要だった。

ところが広田の後継は想定外の宇垣だった。「合法派」は自らが放棄したはずの権限に依存して、陸相を出さなかったことになる。

### 林（銑十郎）内閣の限界

宇垣が組閣を断念すると、つぎの首相は「合法派」の想定どおり、林銑十郎になった。「合法派」にとって、首相に就任後の林は、期待外れだった。このことを示すエピソードがある。「合法派」のひとりで宇垣打倒、林擁立を画策した片倉衷《かたくらただし》陸軍軍務局課員（満州事変の首謀者）の談話速記録の一節は言う。「林さんのほうはね、やっぱりこれまた、あれですね、早目にちゃんともうね、シルクハット、燕尾《えんび》服《ふく》を用意してるんだね。たまげたもんですね」。シルクハットと燕尾服は、自由主義陣営への接近によって政権を維持しようとする林の意思を象徴している。実際のところ林は、外相に佐藤尚武《さとうなおたけ》を起用する。一九二〇年代に国際連盟外交で活躍した国際協調派の外交官に、対中関係の修復を託したからである。

しかし林はどこまでいっても軍人出身の首相でしかなかった。「合法派」の期待に応えることができなかっただけでなく、政党政治家の真似をすることもできなかった。林の擁立を推進した「合法派」の中心は、参謀本部の石原莞爾《いしはらかんじ》のグループである。彼らは林内閣の陸相に板垣征四《いたがきせいし》郎《ろう》の入閣を求めた。しかし林は陸軍首脳部の要求を容れて、中村孝太《なかむらこうた》郎《ろう》を陸相に選んだ。失望した石原らは林内閣に絶縁を申し入れる。

他方で林内閣は、自己に都合よく議会をコントロールする目的で、衆議院を解散する。しかし与党を持たずに解散しても、政党の勢力分布の結果は変わらなかった。二月二日に成立したばかりの林内閣は早くも行き詰まり、五月三一日に総辞職する。

軍部の政治支配には限界があった。この意味で戦争は回避可能だった。しかし政党内閣は復活しなかった。この意味では平和は遠かった。戦争と平和のあいだの時代はどの方向に向かうのか。日本は分岐点に近づいていた。

# Ⅶ章　日中戦争から日米開戦へ

## なぜ戦争は早期に終結できなかったのか？

林（銑十郎）内閣の総辞職後、一九三七（昭和一二）年六月四日に近衛（文麿）内閣が成立する。それから約一ヵ月後の七月七日、中国の北京郊外の盧溝橋で日中間の偶発的な軍事衝突事件が起きる。盧溝橋事件は日中全面戦争へと拡大する。

戦争調査会の委員にとって、日中戦争は回避可能だった。たとえば馬場恒吾は一九四六年四月二三日の第四部会の第一回部会において、「支那事変も避けられたかも知れない」と述べている。あるいは五月三日の第一回部会長会議の自由討議において、大河内委員が「支那に対し武力解決をやろうとしたのは始めから間違である」と断言している。

なぜ馬場は回避できたと考えたのか。一九二〇年代後半、蔣介石の中国国民党が武力をともなう国家統一を進めていた。その過程で在中国の日本人の生命財産が脅かされるいくつかの事件が起きた。馬場に言わせれば、「日本人はひどい目に遭っている」。あの時「堂々と国際連盟なんかに訴えて、如何に日本人が圧迫されているかということを明《あき》かにしたら」、満州事変は回避できた。そうなれば、日中戦争も起きなかった。

馬場や大河内のほかには、Ⅲ章でみたように、渡辺銕蔵の戦争回避可能論もあった。

日中戦争の回避可能性を前提とする戦争調査会は、「なぜ起きたのか」よりも「なぜ起きた戦争を早期に終結できなかったのか」の方に強い関心を持った。戦争調査会はこのような問題関心から資料を収集し、関係当事者にインタビューをしている。

日中戦争は両国がそれぞれの事情から望まなかったにもかかわらず、長期化した。日本側からすれば、満州国を固めて対ソ連戦に備えるには中国と事を構えるのは不得策だった。蒋介石の国民政府は共産党との内戦に備える必要があった。それゆえ両国は戦争下たえず和平の機会をうかがった。

盧溝橋事件

**宇垣外交の可能性**

日本側から見ると、和平工作の実現可能性がもっとも高かったのは、これまでの研究が指摘しているように、一九三八年夏の宇垣（一成）工作だった。

ここに至るまでの経緯をふりかえる。近衛首相の現地解決主義による事態の収拾方針にもかかわらず、戦線は拡大し、一九三七年一二月には首都南京が陥落する。翌年一月一六日、近衛首相が「国民政府を対手と

宇垣一成

せず」との声明を発表したことによって、戦争の早期解決の見込みは失われる。近衛は局面の打開を求めて、この年の半ばに内閣を改造する。外相は宇垣、陸相は板垣征四郎、蔵相は池田《いけだ》成彬《しげあき》がそれぞれ就任した。

宇垣の組閣にあれほど反対した陸軍がなぜ宇垣の外相就任に反対しなかったのか。陸軍内に対ソ戦優先の観点から日中戦争の早期解決を求める勢力がいたからである。彼らは宇垣が日中戦争を解決することに期待した。

宇垣の側近のひとり林弥三吉が戦争調査会で語ったところによれば、宇垣工作が成功するか否かはタイミングと和平条件次第だった。

タイミングとは漢口攻略作戦と同時に和平工作を本格化させるということである。林は言う。「戦役というものは先方の痛い所を押えている内に話をつけねば、終らぬものである」。軍事的な圧力をかけなくては、相手は和平に応じてこない。林によれば宇垣は、漢口作戦の一方で和平を求めた。

和平条件は蔣介石政権による満州国の承認を前提として、賠償金と駐兵を交換条件にするというものだった。撤兵を原則としながらも、いくつかの要所は駐兵をつづける。中国側がこの条件を呑むならば、賠償金は放棄する。林は和平条件をこのように解釈している。

林のみるところ、宇垣は「漢口攻略に向って軍が進んでいる最中に、話をつけようと努力せられた」。

## 宇垣・池田・板垣・石射の連携

もう一つ林の談話で注目すべき点がある。それは宇垣が外相就任の条件の一つとして、一月一六日の「国民政府を対手とせず」声明に「拘泥《こうでい》しない」ことを挙げている。「近衛公がこれを承認せられたから宇垣さんは外務大臣に就任せられたのである」。林によれば、宇垣は「これ〔一月一六日の声明〕があってはこの戦を止めるという自分の志を達することは難かしい」と考えていた。

宇垣にとって内閣改造は追い風になったはずである。とくに池田蔵相の入閣が大きな意味を持った。宇垣工作の成否の鍵を握っていたのが池田であることは、戦争調査会もわかっていた。そうだからこそ戦争調査会の調査チームは、一九四六年七月七日に大磯の私邸に池田を訪れる。

インタビューに応えて、池田は回想する。「宇垣君が外務大臣になるならば自分も大蔵大臣になってもよいと思った」。池田は池田で入閣した理由があった。インタビューの当時、池田は東京裁判の検察側から近衛内閣への入閣の理由を追及されていた。池田は「その時には米英を敵として戦うというようなことは全然考えてはいなかった」と述べている。三井財閥のトップや日本銀行総裁などを歴任した池田は、当時もっとも影響力があった親英米派の人物である。池田にとって宇垣は、対英米協調と日中戦争の解決を進める近衛内閣内の重要なパートナーだった。

池田は近衛内閣の五相（首相・外相・陸相・海相・蔵相）会議の様子をふりかえる。「時の陸軍大臣板垣征四郎君は平和論者であって、五相会議でもって支那と和平をできるだけ早く結ばなければならぬということをわれわれが主張すると、板垣君は直ちに賛成して、まことに尤もだと言う」。石原とともに満州事変を起こした首謀者のひとりの板垣を「平和主義者」と呼ぶのはなぜか。石原も板垣も満州国最優先＝対ソ戦準備の戦略的な観点から日中戦争の解決を求めていたからである。

石原はこの時期（一九三八年六月三日）に「戦争指導要綱」をまとめる。そこには「速《すみやか》に具体的講和条件を確定し、以て戦争の目的を明《あきら》かならしむ」、「好機を把握し速かに和平を締結す」と記されている。石原は日中戦争の早期解決を志向していた。講和条件を「最小限」にしなければ、早期解決の実現は困難だった。石原の講和条件案は、中国側が応じやすいように、つぎのように強調する。「帝国は中国の現領土に就きてはその完全なる主権を尊重す」。石原の意思は固かった。

広田弘毅から宇垣への外相交代は、外務省東亜局長石射猪太郎《いしいいたろう》にとっても好機到来だった。石射は六月九日の日記に記している。「宇垣大臣を中心に幹部会、一月十六日の声明突破に就ては既に了解ズミと云う。大いに為すあらんとする意気込だけでも好い大臣だ」。こうして閣内では宇垣―池田―板垣の連携、外務省内では宇垣―石射の連携によって、和平工作が具体化した。

## 日中和平工作の暗転

ところが盧溝橋事件から一周年の一九三八年七月七日、日中和平工作は暗転する。この日の『東京朝日新聞』は「きょう事変一周年・我等の決意固し」の大見出しの記事で、近衛の記者会見での発言を報じている。「〝蔣打倒方針〟毫《ごう》も不変／一路初志貫徹に邁進／近衛首相決意を闡明《せんめい》」。近衛の発言の末尾はつぎのようになっている。「要するに実際問題として今後いかなる事態が起って来ても国民政府を対手にすることはあり得ない」。近衛の発言の意図が一月一六日の「対手とせず」声明からの転換どころか、「対手とせず」の基本方針の確認だったことは、誰の目にも明らかだった。

七三議会に臨む近衛首相

翌八日の五相会議はこの首相発言に即して、「蔣政権飽迄《あくまで》打倒」の方針を決定する。石射は驚く。「何の事だ」。翌九日、宇垣に問い質す。宇垣は「説明アヤフヤ」な「醜態」を晒《さら》す。石射は落胆する。

七月七日の近衛発言がもっとも重大な影響を及ぼしたのは、中国側で和平を模索していた政治勢力に対してである。国民党宣伝部長の周仏海《しゅうふつかい》は、この日の日記に記している。「近衛の談話を読むが、蔣政権を相手としないだけでなく、国民政府をも相手としていない。しかもたとえ蔣氏が下野《げや》し、親日政治家が政権を掌握しても、当面は国民政府とは交渉をもたないという主旨である。和平への一縷《いちる》の望みももはや断たれたということだ」。

周仏海にとって、七月七日の近衛談話は一月一六日の「対手とせず」声明よりも酷《ひど》かった。日本は蔣介石政権だけでなく、どのような政権であれ、国民政府を相手としないと宣言したに等しかったからである。周仏海はのちに蔣介石政権から離脱して、「親日」政権を作り、日本との和平をめざす。しかし周仏海の努力は、あらかじめ失敗が決まっていたのも同然だった。七月七日の近衛談話は和平工作に深刻なダメージを与えることになった。

対する宇垣は和平工作をあきらめなかった。宇垣は九月四日に石射東亜局長に語っている。「事変の収局に付ては君の提案の如く蔣介石相手の和平より外なかるべし……漢口攻略前に蔣と話を付け度し」。日中の非公式接触者間で、準備が進む。宇垣は会談の場所として、台湾か長崎の雲仙を考えた。日本側非公式接触者は、中国側が長崎まで来ることの困難さから日本海軍の軍艦上を提案した。こうして日本海軍の軍艦上で宇垣が中国側と直談判する案を得た。

しかし閣内の状況は悪化していた。宇垣の支持者だったはずの池田蔵相が慎重姿勢に転じる。池田は戦争調査会の談話のなかで語っている。「日本の外務大臣が他国まで行って交渉を始めようと云ったところが、相手にその意思がなかったとしたら大変な恥曝《はじさら》しになるから十分慎重に研究してから支那に渡った方がよいという意見を宇垣君に伝えた」。

もう一つ、池田は気がかりな証言をしている。池田の見るところ、板垣陸相は「平和論者」だった。ところが「次官以下のところに非常な強硬論者があって、それが板垣君を引ずっていたように自分は思う」。満州事変の成功は、現地軍と陸軍中堅層（課長クラス）の上層部に対する下剋上を激しくした。盧溝橋事件の際に参謀本部では石原作戦部長に対して武藤章《むとうあきら》作戦課長が異論を唱えて対立し、戦争は拡大した。武藤は前年、関東軍参謀として、関東軍の中国への軍事干渉を指揮している。よく知られているように、中止を訴える石原に対して、武藤はつぎのように反論した。「満州事変のときに貴方がやったのと同じことをやっているだけです」。陸軍内の下剋上のなかで、板垣は池田やおそらくは宇垣からも期待されたほどの役割を果たしていなかったようである。

**孤立する宇垣**

このような閣内状況は宇垣の孤立を意味した。戦争調査会は一九四六年四月一八日に「支那通」の大陸浪人星野桂吾《ほしのけいご》の講演を開催している。当時、中国大陸には多数の非公式活動家（大陸浪人）が情報や利権を求めて、暗躍していた。盧溝橋事件が勃発した直後、毎日数十人、時には数百人の大陸浪人が一週間にわたって、首相官邸に呼ばれた。星野もそのうちのひとりだった。星野は宇垣の和平工作を語る。「あれだけの人で、相当自信もあるし、気魄《きはく》もあったが、手も足も出なかった。孤立していたのである」。星野は近衛を批判する。「それで近衛さんがああいう性格の弱い人だから、外交の一元化をどうするといっても充分援護しない。『蔣介石を対手とせず』も事実上取消しがなかった」。何が悪かったのか。星野は言う。「『蔣介石を対手とせず』はいつまでも崇《たた》っている」。

要するに近衛が「対手とせず」声明を転換するどころか、強化するような印象を与えたことによって、宇垣の和平工作は挫折した。九月三〇日、宇垣は辞任する。石射は日記に記す。「近衛と其内閣に愛想をつかしたのが深因であろう」。石射は宇垣工作の失敗の要因を的確に指摘している。和平へのもっとも大きなチャンスを逃した近衛内閣は、日中戦争を解決することなく、翌年一月四日、総辞職する。

## 国策の大転換

近衛内閣のあと、平沼（騏一郎）・阿部《あべ》（信行《のぶゆき》）・米内（光政）の三つの短命内閣がつづく。いずれの内閣も日中戦争の自力解決ができなかった。一九四〇（昭和一五）年七月二二日、ふたたび近衛が首相の座に就く。

第二次近衛内閣は国策の大きな転換を図る。大きな転換とは同年九月二七日の日独伊三国同盟と仏印（フランス領インドシナ）進駐（同年九月二二日北部仏印進駐、翌年六月二五日南部仏印進駐）である。

近衛内閣の主観的な意図は、三国同盟と仏印進駐による日中戦争の終結だった。別の言い方をすれば、近衛内閣は、日中戦争の自力解決が困難に陥るなかで、欧州国際情勢に依存しながら、間接的に中国に影響を及ぼすことで、和平の実現をめざした。

前年（一九三九年）九月一日から第二次欧州大戦が始まっていた。翌年六月、ヒトラーのドイツはフランスを占領する。他方でドイツは第二次欧州大戦が起きる直前の八月二三日にソ連と不可侵条約を結んでいる。近衛内閣の国策の転換は、このような欧州情勢を前提としていた。

北部仏印進駐と三国同盟は相互に連関している。欧州におけるフランスの敗北によって力の真空状況が生まれた北部仏印に日本は武力進駐する。インドネシアからの援蔣ルートを遮断して、蔣介石の中国に戦争終結の圧力をかけることが目的だった。

**三国同盟と日中和平**

三国同盟は欧州を席巻する独伊枢軸国と同盟関係を結ぶことで、日本の外交ポジションを向上させると同時に、もう一つの意図があった。

これまでの研究によれば、近衛内閣は三国同盟それ自体に日中戦争の解決を託したのではなかった。三国同盟の圧力によって、ソ連との外交関係を改善することが目的だった。ソ連はドイツと不可侵条約を結んでいる。三国同盟と日ソ外交関係の改善は両立する。日ソの外交関係の改善は中国共産党に影響を与える。中国の抗日が強いのは国民党と共産党が合作しているからだった。日ソ関係の改善は、ソ連から事実上の指示を受けていた中国共産党の抗日姿勢の抑制をもたらし、蔣介石を対日和平へ向かわせる。近衛内閣はそう考えた。

平沼・阿部・米内の三内閣は日中戦争を解決できなかった。そうだからといって日米戦争が不可避になったのではない。たしかにアメリカは中国を支持していた。しかしそれは道義的なものに留まる。しかも第二次欧州戦争にすら参戦していなかったアメリカが直接の利害関係を持たない東アジアで、自国民に血を流させる可能性は少なかった。日中戦争の継続と日米戦争の回避は両立可能だった。

## 分岐点としての南部仏印進駐

それにもかかわらず、日米戦争になった。分岐点が第二次近衛内閣の国策の転換にあったことは、戦争調査会にとっても明らかだった。なかでも青木は南部仏印進駐を重大視している。戦後に発行された近衛の手記を読んだ青木は、「近衛公の大変なお考えちがい」を見出す。青木によれば、「当時陸軍においてはソ満国境でソ連に対して戦を挑もうという主張が非常に強くて、これを抑えることが困難になった。そこで何とかしてそれを抑えようと思って、自分〔近衛文麿〕は仏印進駐に対して同意を表した」。青木は近衛の手記のつぎの一節を読んだものと推測できる。「政府首脳部は対蘇即時開戦の硬論は押え得たが、一種の代償として仏印進駐の廟議を一決せざるを得ないこととなり……」。あるいはつぎのような一節もある。「陸軍の強硬なる対蘇積極意見を鎮撫するは差当っての必要なり、その為には『北方工作』に関する議決を承認すると同時に、軍の南方に対する関心を利用して或る程度その要求を容れ置く必要あり」。

青木は「近衛公のお考えは間違っておりはしないかということを、手記を読んだ時に感じた」。仏印進駐を正当化できる理由はあったのか。五月二三日の岡田《おかだ》菊三郎《きくさぶろう》（一九四〇年から陸軍省整備局戦備課長の任にあった）へのヒアリングの際に、青木は質問している。「あの仏印進駐の前に陸軍部内において、ソ連に対して戦を挑もうというような空気があったということは、事実であるか」。岡田が答える。「これは露骨に言うと、そういう時期があった。それはドイツの羽振りがあまり好くて、ソ連が潰れてしまうように印象づけられた時期があったと思う」。

欧州情勢が急展開していた。南部仏印進駐の前の一九四一年六月二二日、不可侵条約を結んでいたはずの独ソのあいだで戦争が始まる。戦争はドイツが圧倒的に優位のように見えた。陸軍は関特演（関東軍特別演習）を発動する。事実上の対ソ戦争の準備だった。近衛にとって南部仏印進駐は、南方に関心を向かわせることで、陸軍の北進論を抑制する意図があった。

南部仏印進駐が大きな分岐点だったことは、岡田も同意見だった。岡田は言う。「いちばん遺憾に思うのは、南部仏印進駐という事柄だったと思う。南部仏印進駐というのは、本当に開戦の決意を伴ってやられたことであろうかと考えてみると、そうではなかった」。近衛に対米戦争の決意がなかったことはまちがいない。南部仏印進駐は北進論の抑制が目的だったからである。

しかし岡田からすれば、事は重大だった。なぜならば南部仏印は、そこからならば日本軍機がフィリピンやシンガポールに届く距離に位置していたからである。岡田は言う。「彼処《あそこ》に日本が航空基地を設定することは、英米側から見れば非常に厭《いや》なことなのである。そういう位置に日本が兵力を入れた」。南部仏印進駐によって、日本は対米英戦争の戦略的な拠点を手に入れることにな

南部仏印に進駐する自転車部隊

った。

## 北進論の抑制

他方で岡田は北進論にも反対だった。たしかに独ソ戦争でソ連が弱っている時にソ連を叩けば、「日本の国防上の大きな癌が除かれる。日本の東亜における地位は安定する」。しかし岡田は反問しないではいられなかった。「一体ロシアをやっつけるのにどれくらい兵力が要るか。どれくらいの期間が掛るか」。

さらに対ソ戦に必要な石油が備蓄だけでは足りないのは自明だった。英米に依存するほかない。ところがイギリスはドイツと、ドイツはソ連とそれぞれ戦っている。そこへ日本がソ連と戦うことになれば、イギリス延いてはアメリカからの石油の供給を受けられなくなる。半年かけて極東シベリアを叩くことでソ連が参れば、「それはそれでもよかろうが、立直られた。こちらには一滴の油もないでは、話にならぬ」。岡田は対ソ戦が成立しないことを上申した。

岡田の進言が受け入れられた結果かどうかはともかくとして、北進論は抑制された。しかし南部仏印進駐がアメリカに与えた影響は深刻だった。青木は後悔する。「満州事変、支那事変、その程度にとどめて、それより南に出ることをしなかったならば、アメリカも通商条約の破棄もしまいし、石油の輸出を止めるというようなこともしないし、結局戦争にならぬでも済んだものを、つまり日本のやったことは、程度が行きすぎたのである」。

岡田も同じ考えだった。「結局こんな大それたことになった過ちのすべての原因は、何としても仏印進駐で、あれさえやらなければ、こんなことにならなかったと思う」。

**対日全面禁輸——南部仏印進駐に対するアメリカの反応**

岡田も南部仏印進駐を重大視したものの、それには青木とは別の理由があった。一九四一年の初頭、情勢が悪化するなかで、参謀本部は岡田たちに、一九四一年四月一日開戦の可能性を検討するように依頼した。検討の結果は「戦争は避けた方がいいという結論」だった。岡田たちの出した結論は、オランダ領インドシナとの経済交渉を進め、南方に「平和的な貿易圏」を拡大する、「無益な英米刺戟は避けて、どこまでも国力の基礎を培うような方法で」、建設を進めるというものである。南部仏印進駐はこのような「平和的」建設の路線を根底からくつがえした。

南部仏印進駐に対するアメリカの反応は、七月二五日の在米日本資産の凍結だった。資産凍結は結果的に対日全面禁輸に至る。なぜ資産凍結が全面禁輸になったのか。今も議論はつづいている。そうだからこそ同時代においても、全面禁輸を予測するのは困難だったとの見方がある。

たしかに南部仏印進駐の段階で全面禁輸を予測するのは困難だっただろう。しかし岡田の談話に依拠すれば、戦後の事後的な回想であることを割り引いても、南部仏印進駐が対米英関係にダメージを与えることはわかっていたにちがいない。

岡田が戦争調査会に提出した資料文書「開戦前の物的国力と対米英戦争決意」は、つぎのような結論を導いている。「日本に対する経済封鎖的措置が何を齎《もた》らすべきかは自《おのずか》ら明白だったのではなかろうか。勿論斯かる措置を受くる原因は日本が之を作ったことは否み得ない」。南部仏印進駐は、日本にとって「予防的措置」だった。しかしこの「予防的措置」は、アメリカさらにはイギリス・オランダの「対抗措置」を招くことになった。

以上から明らかなように、南部仏印進駐は対米英蘭戦争への分岐点だった。しかし南部仏印進駐によって対米英蘭戦争が不可避になったのではない。岡田はこの文書のなかで、南部仏印進駐によっても、「対米英戦争を敢行する迄の決意は我国の朝野に亙《わた》ってなかったことは認識せらるべきである」と指摘している。南部仏印進駐によってどれほど対米英蘭関係が悪化したとしても、日本側から手を出さなければ、戦争は起きなかった。そうだとするならば、戦争回避の可能性は残っていた。

## 日米交渉の開始

戦争回避を求めて、一九四一年四月から日米交渉が始まる。日本側で交渉の成否の鍵を握っていたのは、野村（吉三郎）駐米大使と松岡《まつおか》（洋右《ようすけ》）外相だった。戦争調査会の第一部会は一九四六年四月二六日に野村の講演と質疑応答を実施している。松岡から事情を聴くのは無理だった。A級戦犯として囚われの身だったからである。

野村は日米交渉にうってつけの人物だった。第一次世界大戦中、駐米大使館付海軍武官だった野村は、F・D・ローズヴェルトと親交を結ぶ。第一次大戦後の講和会議、海軍軍縮の二つの国際会議（ワシントン会議とロンドン会議）にも出席している。野村はアメリカ政府から見ても信頼できる交渉相手だった。戦争調査会はもっとも適切なインタビュー相手を招くことができた。

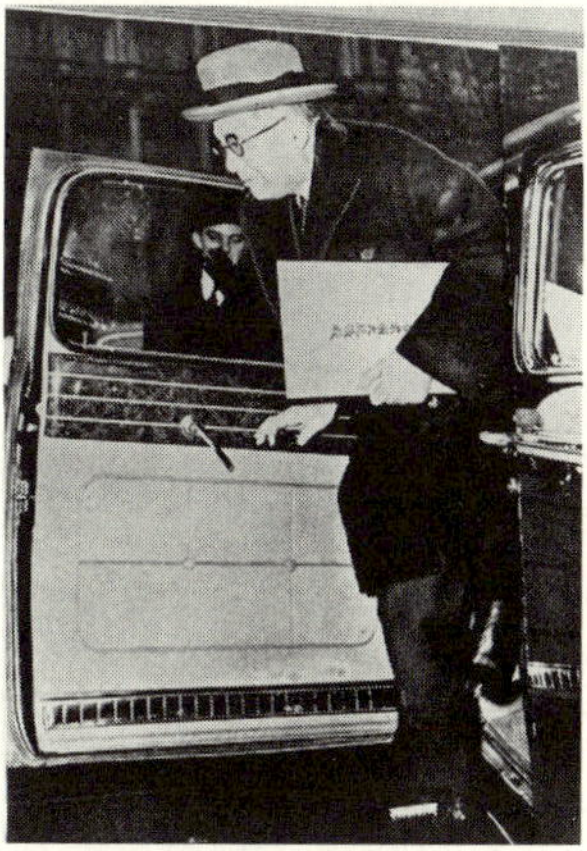

野村吉三郎駐米大使

野村はワシントンに向かうに際して、陸軍省軍事課長岩畔豪雄大佐を同行させている。岩畔は前年の一一月にふたりのカトリック神父（J・A・ウォルシュ、J・M・ドラウト）が来日したことを知っていた。ふたりの背後には、国交調整を模索するウォーカー郵務長官がいた。日本側はこのようなルートによる対米工作を「N工作」と称していた。アメリカ側は野村を「人格者」、岩畔を「機略縦横の俊才」と高く評価している。交渉は（岩畔が信用されていたからだろう）ワシントンの岩畔のアパートでおこなわれた。この「N工作」によって、戦争回避の日米了解案がまとまる。日米了解案の骨子は以下のとおりである。日本はドイツがアメリカに攻撃された場合に限って、三国同盟の参戦事項を適用する。日中戦争をめぐって、日本の撤兵と中国の満州国承認を条件にアメリカが和平を仲介する。日米通商関係も復活させる。

## 複雑化する日米交渉

戦後日本外交史研究は日米開戦史研究だったと言っても過言ではない。それほど多くの研究の蓄積がある。以下ではあらかじめ日米交渉研究の通説的な理解を確認する。

一九四一年四月一六日に日米了解案の成案ができあがる。了解案の成立を急ぐ野村は、本国政府に対して情報を選択的に伝える。本国政府は了解案のなかの日本に有利な条件に接してよろこんだ。アメリカ側が提示した不利な前提条件は知らなかった。ハル国務長官が提示した日本側に不利な前提条件とは、（一）すべての国家の領土保全と主権の不可侵、（二）内政不干渉、（三）通商機会均等、（四）平和的手段以外による太平洋の現状の不変更、以上の四原則のことを指す。ハルの四原則が日本側にとって受け入れ難かったことは容易に推測できる。そうだからこそ野村は伝えなかった。

ところがそこへ四月一三日にモスクワで日ソ中立条約に調印した松岡外相が帰国する。四国協商（日独伊三国同盟と日ソ中立条約）の外交圧力によって、アメリカと交渉する意気込みだった松岡は、日米了解案交渉に難色を示す。野村外交と松岡外交が交錯して日米交渉は複雑化する。

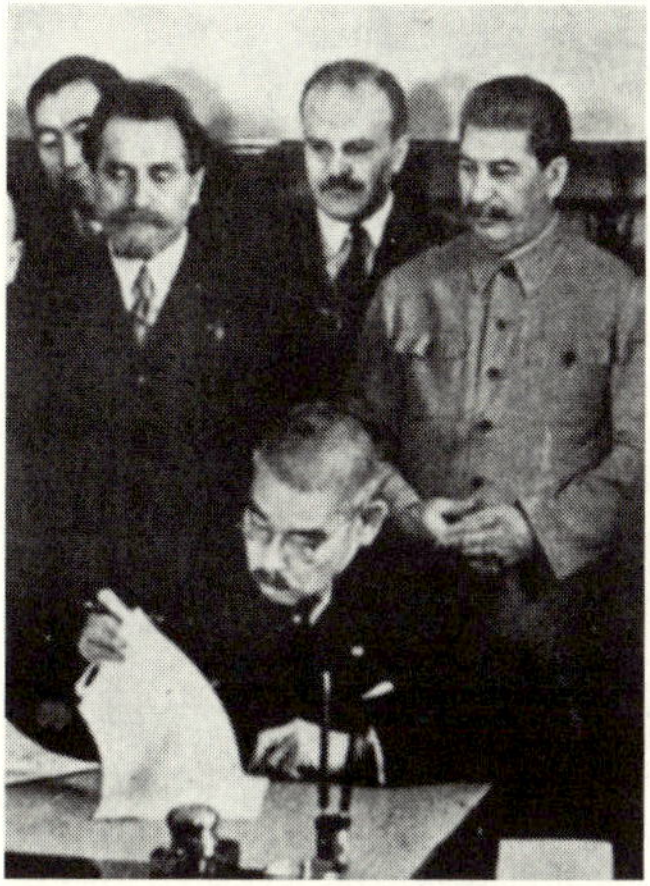
日ソ中立条約に調印する松岡外相。右はスターリン

ローズヴェルト大統領との頂上会談に望みをつなぐ近衛は、七月一六日に内閣総辞職によって、松岡を更迭して第三次内閣を組織する。しかし日米了解案の具体的な項目を詰めれば詰めるほど、両国は合意から遠ざかっていく。結局のところ日米頂上会談は実現しなかった。

一〇月一六日、第三次近衛内閣は総辞職する。近衛内閣の下での日米交渉は挫折した。

## 日米了解案

つぎに引用する戦争調査会における野村の談話は、以上の粗筋のサイドストーリーになっている。

特徴的なのは、野村の談話の悲観的なトーンである。野村の見るところ、松岡にとって三国同盟は軍事同盟ではなく「ピースパクト〔平和条約〕」であり、対米戦争の回避が目的だった。近衛も松岡と同じ考えのように見えた。野村はちがった。「アメリカはそういう風になかなか取らぬと思っておった」。野村はアメリカが日独を一体視していると考えた。アメリカは「精神的には」ドイツを敵としていた。そのドイツとの同盟と日米国交調整は「非常に難かしい複雑な関係」にあった。

それでも野村は日米了解案をめぐる交渉をつづける。「四月、五月、六月頃は多少好望であった」。とくに六月の独ソ戦争の勃発は追い風になった。野村は言う。「初めドイツが勢が強くてドイツの勝利が有望だと日本に対して非常に柔かく出て来る」。そのような状況が生まれたからである。

ところが翌七月、日本は南部仏印進駐を敢行する。日米交渉は「非常に難かしいところへ突入した」。

三国同盟と南部仏印進駐にもかかわらず、ローズヴェルトは日米頂上会談構想を棄てなかった。アメリカ側は頂上会談では調印するだけでよいほどまでに、予備会談をするべきだとの考えだった。野村は訓令を仰ぐ。

別の問題もあった。日米交渉の最大の争点は中国問題だった。アメリカ側は中国大陸からの日本軍の撤兵を要求する。日本側は「防共駐兵」の名目でいくつかの要所を維持しつづけようとする。この問題で日本側が譲歩することは、陸軍の強硬論を前にすれば、難しかった。野村はアメリカ側でも「日本が撤兵を肯《がえ》んぜざるものと判断しておった」と推測した。予備会談の開催を求める野村に訓令は届かなかった。日米頂上会談は幻となって消えた。

以上の日米交渉をふりかえって、野村は、交渉が進むなかで、解決の方に近づくのではなく、反対に対日全面禁輸から戦争へ向かったと指摘する。

たとえば三国同盟問題にしても、日米国交調整との両立の困難さを自覚しながらも、最初からそう考えたのではなかった。戦争調査会での質問(「三国同盟を骨抜きにせよという向うの交渉は相当あなたに対しても強かったのですか」)に答えて、野村は言っている。「初めはそれほどでもなかったが、だんだん強くなって来た」。後述する岩畔豪雄の証言をとおして確認できるように、当初、三国同盟はアメリカを日米了解案に歩み寄らせる政治的な効用があった。それにもかかわらず、アメリカは要求をエスカレートさせていく。

野村はこのような状況をもってアメリカが「時を稼いだという議論が立ち得ると思う」との考えを示す。そうだとすれば野村は、最初から成立の余地がなかった不毛な交渉をつづけたことになる。

### 松岡外交の展開

以上のような日米交渉をめぐる野村外交の一方で、松岡外交が展開される。一九四一年三月、松岡は四国協商の実現をめざして、モスクワ、ベルリンへと渡欧する。野村はアメリカが松岡の渡欧を「大問題にしている」ことを踏まえて、「私も日米国交を調節しようというならば、外務大臣がこの際ヨーロッパへ行かぬがいいという考え」で、この趣旨を松岡に打電した。しかし松岡は渡欧して、日ソ中立条約を結ぶ。

野村は駐米大使を引き受ける前から、三国同盟がアメリカに与える深刻な影響を憂慮していた。「枢軸関係を強化するということになると、日米関係はなかなか調節できない」。野村はそう考えた。実際にアメリカへ行くと、「ますますその感が強い。そういう風に思った」。松岡が三国同盟を「ピースパクト」と呼んでも、アメリカには通じない。野村外交は三国同盟の重荷を背負いながら、対米交渉を進めなくてはならなかった。

アメリカの対日態度が段階的に強くなっていたことは、松岡外交の側もよくわかっていた。松岡はアメリカの圧力が強くなってきたからこそ三国同盟を結んだ。松岡の側近で外務次官として松岡を補佐した大橋忠一《おおはしちゅういち》は、戦後のインタビューのなかで、三国同盟外交を擁護して、つぎのように述べている。「私は松岡氏の三国同盟そのものを当時の状況で結んだことは、とにかくあの猛烈なアメリカの日本に対するプレッシャーからやむを得んと、僕は今でも思ってるんだ。それを知らないやつがむやみに三国同盟を負うとか、こきおろしたりとか、あの当時の事情を知っとるものから言うとだな、やむを得んと」。

大橋は三国同盟に対する松岡の意図を説明する。「我々がこの条約を結んだが、決してドイツの力に頼って城を守るという消極的なものじゃない。ドイツを負かさないがためにつっかえ棒をするんだ」。大橋をとおして松岡を見ると、松岡はドイツに対する軍事的な評価が低かった。日本はドイツを支える「つっかえ棒」になる。そうでなくては、アメリカが強く出てきて、日米交渉は日本に不利になる。三国同盟は必要だった。

野村外交と松岡外交を比較すると、共通するのはアメリカが強硬姿勢に転換したとの認識である。松岡外交はアメリカの圧力に対抗する目的で三国同盟を結ぶ。ところが三国同盟はアメリカの態度をいっそう硬化させた。野村は三国同盟によるイデオロギーの対立図式が権力政治に及ぼす影響を憂慮した。三国同盟はヨーロッパにおける英米不可分の関係をアジア太平洋においても強化することになった。

## 失われた可能性

野村は松岡外交への批判を強める。訪欧から帰国した五月、松岡に日米了解案が示される。松岡は「それを見てポケットへ容れて、二、三週間考えようといった」。このことは本当かと戦争調査会で質問されて、野村は「それは事実のように聞いておる」と答えている。松岡は日米戦争の回避を目的として外交を展開していたはずである。それなのになぜ日米了解案交渉に反対したのか。「いまだに残る昭和史の謎の一つ」である。

大橋の回想が推測の手がかりを与える。「自分はルーズベルトと会って話しをつけるんだと。同時に先生〔松岡〕の国内的にもやはり近衛を適当なときに辞めさせて、自分があとをとって内閣をしきたい。そうして総理になってアメリカに飛ぶ」。大橋はその時には「外務大臣になれということをオファーされた」と証言している。大橋の回想が正確だとすれば、松岡が描いたのはつぎのようなシナリオだった。すなわち野村外交による日米交渉を行き詰まらせる。近衛内閣が責任をとって総辞職し、代わりに松岡が首相の座に就く。松岡はアメリカと直接交渉し、開戦を回避する。

しかし近衛が選択したのは野村外交だった。辞めさせられたのは松岡の方である。七月一八日、外相を豊田貞次郎《とよだていじろう》に代えて、第三次近衛内閣が成立する。豊田は海軍軍人でありながら、グルー駐日アメリカ大使からその外交手腕を高く評価されるほどの人物だった。豊田は東京で野村外交を支える。

野村は日米交渉が成立するには、中国問題、なかでも駐兵問題がもっとも重要だと考えた。別の言い方をすれば、交渉の成否は日本政府内の合意形成にかかっていた。ところが案の定、一〇月一二日、東条（英機）陸相が撤兵に反対する。日米交渉がまとまる可能性はなくなった。同月一六日、第三次近衛内閣は総辞職する。

## 岩畔豪雄の証言

なぜ日米了解案は成立しなかったのか。一九四六年五月一三日の戦争調査会第一・第二・第四連合部会は、もっとも重要な人物を呼び寄せている。馬場恒吾たちの目の前にいたのは、当事者の岩畔だった。

戦後になってからの一般的な理解では、近衛首相は、松岡外相の三国同盟路線と「N工作」のあいだで板挟みになったことになっている。

ところが岩畔はこのような理解と異なる証言をする。「近衛さんのアイデアの中に三国同盟をやって日米交渉をやる積りであったと書いてあるのを見て、論理的矛盾だと新聞が非難しているが、近衛さんの遺書の中には大きな真理があると思う」。

敗戦の年の一二月六日に占領軍は、近衛を戦争犯罪人として逮捕する指令を発した。出頭期限は一二月一六日だった。近衛はこの日の未明に自殺する。岩畔は遺書だけでなく、二度、会った時も近衛から直接、このことを聞いている。「決して後からの語り言ではない」。岩畔は強調した。

岩畔にも三国同盟を外交的な圧力として、日米了解案を成立させる意図があった。岩畔は言う。「工業的、科学的」な日米の差は一対二〇である。アメリカは日本など「歯牙にかけていない」。岩畔はつづける。「ところが三国同盟に入ったので力が出て来たから話が出来た。それまでは話が出ても話に乗るだけの価値がないように思っていた。そういう状態から考えてあれには大きな真理があったと思う」。

岩畔は近衛を擁護する。「近衛さんの論理的矛盾とか、或は後向きの予言者として自己の不明を弁解する言ではなかったと思う」。

実際のところ、三国同盟を容認した海軍であっても、対米戦争を決意したのではなかった。この年六月五日の海軍の文書「現情勢下に於て帝国海軍の執るべき態度」は、条件付きながら、「N工作の成立を希望す」と記している。

日米了解案に対する三国同盟の政治的な効用は、岩畔らの「N工作」従事者だけでなく、天皇も認めていた。『昭和天皇実録』の四月二一日の記述によれば、天皇は木戸（幸二）内大臣につぎのように語っている。「米国大統領が今回の如く極めて具体的な提案を申し越したことはむしろ意外ともいうべきも、かかる事態の到来は我が国が独伊両国と同盟を結んだことに基因するともいうべく、すべては忍耐、我慢である」。

木戸の同日の日記にも同様の記述がある。木戸の日記は臨場感がある。「考え様によれば我国が独伊と同盟を結んだからとも云える、総ては忍耐だね、我慢だね」。

このように三国同盟の存在にもかかわらず（あるいはそうだからこそ）、日米了解案による戦争回避の可能性はあった。

## 独ソ戦の影響

ところが事態は急転する。六月二二日、独ソ戦が始まる。

独ソ戦をめぐって、矢野志加三（元海軍総隊参謀長、海軍中将）臨時委員が岩畔に質問する。「独ソ戦が長期化するという判断の下に〔アメリカの〕対日態度が一層強くなって来たわけですか」。岩畔が答える。「そういうことです」。矢野はつづける。「そのところがアメリカの外交政策に余程大きな転換になったと思われる。その態度の変化は著明であったか」。岩畔は同意する。「これは私の主観が入るが、非常に著明であったと思う」。

岩畔は約言する。「私の考えでは独ソ戦即ち六月二十二日以前において纏《まと》めれば纏められる」。要するに日米了解案に基づく戦争回避の可能性は、独ソ戦の開始前ならばあったことになる。

他方で松岡外相が四月一三日にモスクワで日ソ中立条約に調印している。ここに日ソ戦争の可能性が遠のく。独ソ戦は長期化する。そうなればドイツにとって不利な戦況が訪れる。ヨーロッパを席巻するドイツとそのドイツの同盟国日本だからこそ、アメリカは宥和《ゆうわ》的な姿勢を示して、日米了解案に接近した。しかしドイツが劣勢に陥るとなれば、話は別である。日米了解案をめぐる交渉でアメリカは要求を強めるようになる。一〇月三日にアメリカ側の強硬な回答に接した日本の外務省は、中国からの全面撤兵に期限を付した譲歩案を作成しなければならなくなった。

以上のように岩畔は、独ソ戦の開始が大きな分岐点だったと指摘する一方で、その後もまだ戦争回避の可能性があったとつづける。「それ以後においても北部仏印の撤兵を此方《こっち》が自治的にやってこういう誠意があるということを示したならば纏まったと思う。その誠意を示さないばかりでなく南部仏印へ行ったから強硬になった。これは今でも実行したらよかったのではないかと思う」。

一九四〇年六月、欧州では、フランスがドイツに降伏する。日本は蔣介石の中国国民政府を援助する物資のルートの遮断と戦略的拠点の確保を目的として、北部のフランス領インドシナに進駐する。岩畔の考えによると、進駐した北部仏印から自主的に撤兵すれば、日米外交関係は調整の余地があった。

ところが日本は北部仏印から自主的に撤兵するどころか、翌年七月、南部仏印に進駐する。アメリカは態度を硬化させる。同月二五日、アメリカは対日資産凍結令を発する。八月一日には対日石油禁輸の措置に出る。日米外交関係の調整の余地はなくなる。戦争が一歩、近づく。

**連合部会の成果**

以上から明らかなように、この日（五月一三日）の連合部会は、岩畔に対するヒアリングによって、議論が大きく進展した。

戦争への分岐点は一九四一年六月の独ソ戦の開始だった。その前であれば、日米了解案の成立によって開戦回避が可能だった。

近衛のつぎに首相の座に就いたのは東条である。陸相としては強硬論を主張した東条であっても、首相になると天皇の意向に即して、それまでの決定を白紙に還元し、和戦両様の構えで臨む。一一月までは外交交渉をつづける。それまでに合意を得られなければ、一二月初めに開戦する。この両論併記の決定に基づく日米交渉は期限までに間に合わず、真珠湾攻撃に至る。

これまでの研究は、東条内閣になってからも、開戦回避の可能性があったことを明らかにしている。対する戦争調査会の資料は、最後に残された開戦回避の可能性を考える手がかりに乏しい。このことは戦争調査会の調査の不十分さよりも、近衛内閣下の日米交渉こそ最後のチャンスだったことを示唆している。開戦回避の可能性をめぐる戦争調査会の調査は、事実上ここで終わる。

# Ⅷ章　戦争の現実

## 南方戦線の現実

戦争調査会は戦時中の資料も調査対象としていた。戦時中の資料を調査する必要があったのは、Ⅱ章で確認したように、たとえば第一部会（政治外交）の調査項目の一つに「太平洋戦争開始後の情勢批判」があったからである。

あるいは第五部会（科学技術）の調査項目をめぐって、部会長がつぎのように発言していたからである。「考究すべき事柄は戦時中に多くあって、戦争前、戦争の誘発原因になった事柄に関連するところは、比較的少い」。

戦時中の状況に関する資料のなかに、読む者に対して、南方戦線の現実を突きつける手記がある。一つは南洋興発株式会社「社員　小村末松」の「手記　サイパン島失陥ニ際シ」である。この資料は一九四四（昭和一九）年二月から始まる日記形式になっている。

南洋興発株式会社（南興）は、一九二一年に創立された製糖会社である。一九三〇年に操業を開始したテニアン（北マリアナ諸島の一つ）工場は、東洋屈指の大工場だった。会社関係者の数は一九三五年の時点で二万八〇〇〇人規模になっている。南興は「北の満鉄に南の南興」と呼ばれたように、海軍との結びつきによって、国策会社色が強かった。

この手記は緊張に満ちた記述から始まる。「吾々が体験した悲惨なる出来事の数々は国家の歴史に於ては勿論のこと、個人の歴史にも決して記録さるべきでない」。マリアナ群島への空襲が本格化する。零戦（ゼロ戦）が奥地へ戦闘に飛び立った「虚を突かれた」。地上砲火は効果がなかった。洞窟に避難せざるをえなくなる。知人の三歳の女児が泣いた。「附近から文句が出て敵にさとられると云うので止むを得ず絞め殺して了《しま》った」。四歳以下の子供は命令で殺されることになった。「最も大きな悲惨事の一つ」だった。断崖まで追い詰められた。下は密林だった。「『飛び込むんだ』妻に叫ぶと同時に妻を押して谷間に投げ込む様にし、すぐ其の後から私も飛び込んだ」。自分は捻挫程度で済んだ。妻は岩盤に当たって大怪我をした。ほどなくして妻は息を引き取る。

この手記の記述で注意を向けておくべきは、最初の空襲が一九四四年二月二三日だったことである。もしもこの時までに戦争が終結していれば、記録されるべきではないような地獄絵図は起きなかったことになる。

**サイパン島「玉砕」**

もう一つの資料は「南洋毎日新聞　主筆　鈴木《すずき》奔山《ほんざん》氏談話速記録」（一九四六年二月九日）である。この記録は新聞記者の目をとおした一九四四年七月のサイパン島「玉砕」を伝えている。

サイパン島玉砕

艦砲射撃が始まる。その激しさは「砲弾の破片と死体で埋まって歩くにも非常に困難な状態」になるほどだった。米軍に追われて避難場所をつぎつぎと変えながら、鍾乳洞にたどりつく。七月三日、そこも引き払うことになった。その夜「重傷者、病人等を涙を呑んでそこに残し、一同は別れを告げてそこを去った」。そこからサイパン島の最北端の月見島をめざす。南部から北部へと上陸した米軍が攻めてきたからである。途中、立っていた「友軍」の歩哨《ほしょう》が命令した。「軍の防衛上民間人は一切ここを通ることは罷《まか》りならぬ」。避難民は「そこを通さなかった軍の処置に対して非常に呪咀《じゅそ》の声を放っておった」。やむなく米軍が近づく方向へと引き返さなくてはならなくなった。行き場を失った群衆の集団に米軍の戦車が襲いかかる。追い詰められた群衆は、自決しようにも「手榴弾も刃物も持っていない」。

七月四日には「逆巻く物凄い波の中を目掛けて老若男女、子供に至るまで、或は身体を縛り合って、或は手を繋ぎ合って、次から次と雪崩を打って飛込んでおった」。

鈴木は軍部とくに海軍を強く非難する。

一つは杜撰《ずさん》な作戦計画である。米軍が上陸する前からサイパン航路に対する潜水艦の作戦が活発になっていた。その頃、鈴木は司令部の参謀に質した。「一体この潜水艦に対して何とかならないのか」。参謀は堂々と公言して答えた。「アメリカの潜水艦の作戦だけはわれわれは算盤《そろばん》に入れてなかった」。鈴木にとって日本はこの時点ですでに敗けたに等しかった。

もう一つは退廃である。軍令部の軍人が酒、ビール、煙草、手拭い、石鹼などの軍需物資をリヤカーやオート三輪車で勝手に持ち出して、馴染みの料理屋で「乱痴気騒ぎ」をしていた。建築部隊の将校、建築請負師、民間業者の三者合同の疑獄事件も起きた。

鈴木はくりかえす。「一番横暴を極めておったのは海軍である。そうして防備はしていない。〔地〕上砲火の如きも上陸第一日で殆んど全部沈黙した」。

サイパン島「玉砕」の現実は、鈴木の談話速記録によれば、以上のとおりだった。

この記録でも注意を向けておくべきは、最初の空襲は一九四四年六月一一日だったことである。この時までに戦争が終結していれば、サイパン島「玉砕」はなかった。

## ミッドウェー海戦＝不要不急の作戦

もっと早く戦争を終わらせることはできなかったのか。戦争調査会における岡田菊三郎の談話記録（一九四六年五月二三日）が考える手がかりになる。岡田は言う。「世界から言わせれば悪いことをしたのかも知れないが、悪いことは悪いことなりに、何とかもっと上手にできなかったか。私はやり方によっては、こんな惨めなことにならぬでもいい方法があったのではないかという気がして仕様がない」。

具体的にはどのような方法があったというのか。岡田は指摘する。「初めからハワイを奇襲した序《つい》でに、なぜハワイを取ってしまわなかったのか」。岡田はくりかえす。「あのとき一挙にハワイをすぱっと取ったら、大分異った情勢が生れたのでないか」。

ところが実際はちがった。東条首相には岡田のような「常識」がなかった。真珠湾攻撃の過大な成功は、楽観論と慢心を招いた。真珠湾攻撃の翌年五月の議会で東条は、「南方にある三十万の兵力のうち十万を引きあげる。学徒動員はこれ以上やらない」旨、演説している。東条の戦況報告に接すれば、戦争は終結に向かっているかのようにみえる。しかし実際には東条の演説は、戦争終結の具体的な見通しもなく、国民大衆の歓心を買うのが目的だった。

東条が楽観的な戦況報告をおこなった翌六月、日本軍はミッドウェー海戦で敗北する。日本の空母四隻は、米軍の急降下爆撃を受けて全滅した。ミッドウェー海戦を指揮していたのは、連合艦隊司令長官山本五十六だった。山本が「一、二年は暴れてみせます」と見得を切ったことはよく知られている。一、二年どころか実際には開戦半年で日米の攻守は逆転した。

岡田はミッドウェー海戦を不要不急の作戦と批判して、つぎのように述べている。「あの前は向うの艦隊をばっさりやってしまって太平洋を横行しておったので、何もこんな拙《つたな》いことに急になるべき筈《はず》でなかった」。

## レーダーと戦争

岡田は軍事技術上の敗因の一つとして、「電波兵器」(レーダー)を挙げる。米軍はミッドウェー海戦でレーダーを実戦配備した。レーダーの実戦配備によって、真珠湾攻撃を最後に奇襲攻撃は成り立たなくなった。岡田によれば、軍部もレーダーの重要性を認識していた。しかしあれほど早く実戦配備されたとは、「陸海軍とも知らなかった」。

レーダーの実戦配備は、神風特別攻撃隊などの航空特攻を生む。航空特攻は、レーダーを実戦配備していた米軍との空中戦闘を避けて、敵の航空母艦や艦船に体当たりするのが目的だった。のちに軍部当局者も、特攻は作戦ではなかったと認めている。

戦争調査会もレーダーに強い関心を持っていた。戦争調査会が設けた専門事項を調査する専門委員三人中、二人はレーダーの担当だった。また第五部会（科学技術）の部会長八木秀次（大阪帝国大学総長、元技術院総裁）は、レーダー技術の専門家でもあった。

当時のレーダー技術とはどのようなものだったのか。八木秀次の緻密な評伝である松尾博志『電子立国日本を育てた男――八木秀次と独創者たち』の助けを借りて、概略を記す。戦前の日本のレーダー技術開発は、米英に対してそれほど劣っていなかった。レーダーに必要なアンテナは「八木アンテナ」として知られるように、八木の発明だった。もう一つ必要だった真空管は米英を上回る性能のものすら開発していた。

ところが開戦と同時にアメリカは数千人（イギリスは開戦前から数千人）の研究者、技術者を動員して翌年六月のミッドウェー海戦では実戦配備していた。敵国のレーダーに用いられていたアンテナ技術は、特許期限切れの「八木アンテナ」だった。

特許期限切れにしてしまったことは、敵国にみすみす最先端の軍事技術を手渡すに等しい行為だった。レーダー開発競争に負けたとなれば、戦争に負けたも同然になる。事は重大だった。

特許の問題が敗戦の一因になったことは、戦争調査会も把握していたと推測できる。なぜならば戦争調査会は、戦時中の特許事情の研究を委託し、研究報告書「今次戦争に於ける特許事情」（一九四六年三月）を得ていたからである。

この委託研究報告書は、日本の科学技術の流出よりも、海外からの科学技術の途絶を深刻に受け止めている。日本は海外の科学技術に依存していた。他方で戦時中は海外の敵国の特許権を「敵性特許権」として取り消し処分にしている。これでは海外からの科学技術が入ってこなくなる。日本の特許事情は「衰退悪化」の状態に陥った。こうして「我が発明品が、工場に生産なく、研究所に研究なく、特許制度そのものの運用対象を喪失」した。日本は科学技術の特許をめぐって、敗北する。

戦争調査会は一九四六年二月二三日に元海軍技術研究所の海軍技術大佐伊藤庸二《いとうようじ》の話を聞く。伊藤も日本軍がレーダーの開発を急いでいたと証言している。

日本は大規模企業が真空管を製造していた。ところが大規模企業だからといって、大勢で取りかかっているとは限らなかった。伊藤は証言する。「当時電波兵器として最も緊急な製造を叫ばれておった真空管に女の子と僅か数人の者が掛っておったという事実がある」。これではミッドウェーで敗北するのも当然だった。

## ガダルカナル島放棄論

ミッドウェー海戦のつぎに転機となったのは、二ヵ月後のガダルカナル島攻略作戦であ

ガダルカナル島に上陸する米軍

る。一九四二年八月、米軍は南太平洋ソロモン諸島のガダルカナル島に上陸し、日本軍が建設中だった飛行場を占領した。日本軍は奪回作戦を展開する。しかし制空・制海権を失った日本軍は、一説によれば、三万六〇〇〇人の将兵のうち二万一〇〇〇人が戦病死・餓死した。日本軍は翌年二月に撤退する。最高統帥機関の大本営は、この時はじめて、撤退ではなく「転進」と発表した。

　岡田はガダルカナル放棄論者だったと自称する。「部内でも相当議論をして憎まれ、ひどい目に遭った」。岡田はこの攻略作戦で日本軍が壊滅的打撃を受ける様相をつぎのように語っている。「おっ取り刀で陸軍部隊が駆けつけたのであるが、これがブスブスと船に乗ったままやっつけられたのである。ガダルカナルで失った船腹は相当なもので、これが私共としては実に惜しいことをしたと思う重大なもので、ああいうことさえしなければ、生産が行詰まることももう少し延びたのでなかろうかと思う」。

以上の話を受けて、青木長官が質問する。たとえば船舶輸送力が予想どおりで、レーダーがなく、海軍が敗けなかったとしても、「必勝」は期し難かったのではないか。

岡田は答える。「勝利」とは相手国の戦争意思を放棄させることである。このような「勝利」は「見込がないと考えた」。

それでは軍部は何を求めていたのか。岡田は言う。「勝利は妥協である。その妥協を望んでおった。つまり妥協的平和、妥協的媾和《こうわ》を望んでおった」。同時に岡田はこのような妥協が「取らぬ狸の皮算用」であり、「希望的な観測」でもあったことを認めている。

戦争終結の展望を欠きながら、「今に向うも厭《いや》になるだろう。向うが厭になるまで粘るのだ」との希望的な観測の下で、戦争はつづく。

## 決戦を求めて

どこかで決戦を挑み、打撃を与えて、和平に持ち込まなければ、戦争は終わらなかった。決戦はいつか。戦争調査会第五部会における一九四六年七月一〇日実施の遠藤三郎《えんどうさぶろう》陸軍中将・軍需省航空兵器総局長官の談話記録が重要な情報を提供している。

遠藤が軍需省航空兵器総局長官に就任した一九四三（昭和一八）年一一月の航空機の喪失は二四〇五機、翌一二月は二〇〇四機だった。遠藤は陸海軍に質した。「海軍はニューギニヤの北で決戦をやるといい、陸軍はフィリッピンで決戦をやるという。また海軍では六月頃やるといい、陸軍では八月頃にやるという」。遠藤は抗議した。「そう何遍も決戦をやられては困る」。たしかに決戦とは一回である。何度も戦うのは決戦ではなかった。しかし参謀本部にも軍令部にも計画はなかった。

遠藤は質問を変えた。油（航空用ガソリン）は大丈夫か。海軍は説明した。しかし陸軍からは説明がなかった。状況はきわめて深刻だった。「出来た飛行機は油がなくて飛べない。従って余り飛んだやつを御覧にならなかったと思う」。さらにたとえばフィリピンでは飛行場が破壊されていて、補充されて行った飛行機のほとんどは戦わずに壊された。一九四四年一一月頃になると、敵の基地が近くに造られたこともあって、飛ばずに飛行場に並べておいた飛行機は残らず潰された。この年一一月、戦闘で失った飛行機九〇〇機に対して、戦うことなく敵に壊されたのが九五〇機だった。飛行機の半数以上が戦うことなく失われたことになる。

以上の遠藤の談話記録によると、一九四三年の末においても、陸海軍の作戦は統合されていなかったことがわかる。決戦の天王山がいくつもあるのでは、どれほど飛行機を増産しても追いつくことはできなかった。

遠藤のみるところ、軍需生産の現場にも問題があった。軍人は軍職を「高尚な仕事」と考える一方で、勤労を「蔑視」していた。軍需生産には熟練工や技術者が欠かせない。ところが彼らを「どんどん徴兵にとって行く、そうして軍隊内においてつまらん所にみな使っておる」。遠藤は批判を込めて言う。「工場で働く労働者を非常に蔑視するという観念が支配したのではないか」。このような軍需生産の現場の状況では、生産効率性が上がるはずはなかった。

**物資動員計画**

陸海軍の戦略の不統合と組織利益の対立は、物資動員計画に深刻な影響をもたらす。日中戦争下の一九三七年一〇月、戦時統制経済の調査・立案をおこなう総合国策機関の企画院が設立される。企画院は一九四三年一一月に軍需省に吸収される。この企画院において物資動員計画の立案の中心にあったのが稲葉《いなば》秀三《ひでぞう》だった。稲葉は戦後、外務省特別調査委員会の委員として、「日本経済再建の基本問題」の作成に加わる。

稲葉は戦争調査会のインタビューに応じている（一九四六年二月二〇日）。稲葉は物資動員計画の未達成の原因を指摘する。原因は「計画とその実施にイニシアチーブを採った軍部官僚の経済認識の過少或は軍内部に於ける陸海双方の協力性の欠除」だった。

さらに稲葉は二月二八日のインタビューにおいて、物資動員計画をめぐる問題に対して、つぎのように結論づけている。「我国としてはこの様な一つの『甘い見透し』のもとに開国以来の運命をかけて太平洋戦争に突入したのではなかったのであろうか」。

さかのぼれば第一次世界大戦後、つぎの戦争は総力戦になるとの危機意識から陸軍統制派を中心に、総力戦体制の構築が目標になったはずである。ところが実際には、総力戦体制が未確立なままに、総力戦を戦うことになった。稲葉は悔恨の念を込めて言う。「私の痛感したことは総力戦争に於ける経済の重要性を口で主張する、或は肯定するということと、それを具体的に認識し、実行するということは別なことであるということである」。物資動員計画の重要性は認識されていた。しかし実行されずに総力戦が始まる。稲葉が言うように、「総動員に対する殆んど準備なしに戦争に突入した」。これでは勝つことはできなかった。

稲葉は物資動員計画の立案に当たって、「国民生活用の資材を減らしては駄目なものについては飽く迄その最低限の確保を図る」ことを前提としたと述べている。しかし現実はちがった。戦争調査会事務局の調査官が作成した調書「物動計画運営より観たる大東亜戦争推移」(一九四六年二月七日)は指摘する。「銃剣の威力で必要な物資を殆んど強奪し民需を涸渇せしめ遂に工場の補修も出来ず民需物資は徹底的に不足した」。民需物資は、稲葉が言う「最低限の確保」すら、できなかった。

この調書は軍部の責任を追及する。「物動の決定は企画院（軍需省）が策定はしたが実際的指導方策は全く陸海軍省の握る処であった」。

一方、陸海軍では組織利害の対立がつづいていた。陸海軍の組織利害の対立は日露戦争後にまでさかのぼる。一九〇七年に帝国国防方針が決定される。仮想敵国の順位は、ロシア、アメリカ、フランス、ドイツとなった。「陸主海従」に海軍が反発する。陸軍はロシア（ソ連）、海軍はアメリカをそれぞれの仮想敵国として軍備拡張を進める。陸海軍の戦略は、沖縄戦が始まる戦争末期に至っても、統合されなかった。陸海軍が戦略を統合し、どこかで一度だけ最後の決戦を挑み、打撃を与えて和平に持ち込まなければ、戦争は終わらなかった。付言すれば、レーダー技術の開発が遅れたのも、陸海軍が相互に研究を教えなかったからである。

軍部内の組織利益の対立を調整・統合する政治の力が必要だった。この調書は慨嘆する。「吾々は衷心大政治家の出現して政戦両略の調整按配を責任を以て律し物動計画の運営を適正ならしめんことを冀《こいねが》ったが遂に実現せられなかった」。物動計画の観点からすれば、軍部を統合する強力な政治的リーダーシップを持たない日本は、戦う前から敗北していた。

## 極限状況の工場生産

戦争調査会は、このような物資動員計画の極限状況の実態を調査している。その一つが戦時下の中小工業調査をまとめた「長野県下伊那郡及飯田市出張報告書」（一九四六年三月一九日）である。

この報告書によれば、長野県の最南端に位置する調査対象の地域は、当時の人口が約一八万人だった。以下はこの報告書の記述に拠る。

この地域の住民は「文化的水準」が高く、「能動的な進歩分子」も多い。また北欧やスイスのような地形と気候は、高級測定機器や時計の生産などの精密作業に向く。それゆえ戦時中は、精密工業の工場九棟がこの地域に新設、移転、疎開していた。

調査官はこのうちのある工場を訪れる。従業員一七〇〇人中、大部分は動員学徒と国民学校卒業の少年少女だった。このような生徒たちに工場で働いてもらうには、「教育家」あるいは「宗教家」にも似る愛情をもって教育しなければならないはずだった。ところが現実には「全く反対に軍隊式、恐怖教育を強いたのであった」。この工場では従業員は「圧制下に従うのみ」だった。

このような「沈滞気分」に満ちた工場では、戦争が終わると、従業員は自主的に退職していった。戦争がこの工場に遺したのは、「卑屈な従順」だけだった。労働組合が結成されることもなく、戦後になっても、「封建的暗さ」を感じさせる工場のままだった。

**都市部における生産性の低下**

都市部ではどうだったか。戦争調査会の調査資料によれば、一九四五年になっても、空襲による工場の直接被害は一〇パーセント程度だった。しかし交通の混乱によって、出勤は遅く、退勤は早く、欠勤が増加した。このような状況は労務力の五〇パーセントの能率低下を招いた。空襲避難によって就業時間は一〇パーセント減少した。工場労働者は働きに行こうにも交通が乱れていて行けなかった。行けたとしても遅刻した。工場で働いていると、空襲避難命令が出る。操業は中止になる。労働者は帰宅を急ぐ。こうして都市部の工場の生産性は極端に低下した。

満員の大阪市電（1945年2月。朝日新聞社提供）

交通が混乱していた。物資動員計

画の下の生産力拡充にともなって、工場勤務者が激増していた。戦争調査会による堀木《ほりき》鎌《けん》三《ぞう》運輸省鉄道総局長官の談話速記録によれば、一九四三年の工場勤務者数は一九三六年の五倍だった。通勤時間は長くなり、通勤区間の混雑が激しかった。工場勤務者数が膨れ上がったことによって、旅客列車と貨物列車のバランスが一九四三年に逆転する。この年、旅客列車の走行キロ数（三一万四〇〇〇キロ）が貨物列車の走行キロ数（二三万二〇〇〇キロ）を上回った。比喩的に言えば、工場に労働者はいても軍需物資がない状況だったことになる。

さらに鉄道の労働力不足を補う目的で、戦場に赴いた男性の代わりに女性が職場に進出する。戦争末期、国鉄職員約四五万人中、女性は一一万人に達している。女性の大量雇い入れは若年層からだった。一九四四年三月の調査によると、二〇歳未満が四六パーセントを占めていた。全体の二六パーセントが就職一年未満だった。訓練期間は短く、「素質の低下、能率の低下」が露呈していた。

## 戦時統制経済と新日本の建設

以上のような戦争調査会の現地調査に基づくと、物資動員計画に基づく生産力拡充は、戦後の日本に政治的・経済的・社会的な負債しか残さなかったようにみえる。

しかしこのような見方とは異なる意見があった。戦争調査会は一九四六年五月三〇日に、水津《すいつ》利輔《りすけ》の講演と質疑応答をおこなっている。満州の鞍山《あんざん》製鉄所（とその後身の昭和製鋼所）に勤務したあと、一九四一年から日本鉄鋼統制会理事として、戦時中は「稲葉さんその他と随分喧嘩しながら」、「日満支」三国の鉄鋼増産計画を立案していた。水津は、鉄鋼生産をとおして、日本の戦時統制経済体制がどのようなものだったかをもっともよく知る人物だった。

水津は自身が関与した鉄鋼増産計画に欠陥があったことを認めている。「支那事変をやっていなかったらよほど形が変っておった」とも言う。それでも水津は反問する。「支那事変をやっていなかったなら日本人がその後にやったほど産業に対する熱意を持って建設をやっただろうか」。あるいはつぎのようにも言う。「軍を中心として、戦争をやらなければならない、これに勝たなければならない、この熱意というものが普通の常識では考えられないだけの大きな力を入れたという面は確《たしか》にあると思う」。

日本は自らが招いた戦争によって生産力を破壊した。しかし戦争が日本の工業化の促進要因だったことも否定できなかった。水津は言う。戦後の新日本の建設には計画経済が必要である。戦時中の計画経済の失敗に学び、企画院よりも強力な権限を持つ国策を総合する国家機関を作らなければならない。水津は戦争を全面否定することなく、戦時中に実現したかった統制経済体制を戦後に実現することで、新日本の建設をめざした。

## 対ソ外交への過大な期待

戦争調査会は調査すべき事項がまだ残っていた。主題は戦争終結外交である。なぜ戦争終結は遅れたのか。戦争の犠牲者がもっとも多かったのは、戦争の最後の年である。もし一九四五年の初頭に戦争が終結していれば、東京大空襲も沖縄戦も、広島・長崎への原爆投下も、ソ連の対日参戦もなかった。

戦争終結が遅くなった原因の一つは、対ソ外交への過度な期待だった。日本はソ連の仲介による和平に望みを託しつづけた。しかしソ連が和平の仲介に応じることはなかった。代わりにソ連は八月八日に宣戦を布告した。

東京の外務省本省もモスクワの日本大使館もソ連の仲介を求めつづけた。和平の仲介役にふさわしい国は、戦争当事国の双方に影響を及ぼすことができなければならない。この観点からすると、ソ連は適役だった。ソ連は一方では日本と中立条約を結びながら、他方では第二次欧州戦線において米英との連合国だったからである。

状況は四月五日に暗転する。この日、ソ連が日ソ中立条約の不延長を通告してきたからである。外交上の常識からすれば、ソ連の通告は中立条約の廃棄通告に等しかった。それにもかかわらず、和平の仲介を求めて、日本の対ソ外交は積極化する。なぜ日本は可能性を失った対ソ外交にすがりつづけて、戦争終結を遅らせたのか。

### 問題を解く鍵

この問題を解く鍵を握っていたのが佐藤尚武駐ソ大使である。佐藤は一九二〇年代の国際連盟外交を推進し、一九三七年には林（銑十郎）内閣の外相として、対中外交の修復をめざした国際協調派の呼称にふさわしい外交官だった。戦争調査会の第一部会（政治外交）は、一九四六年六月一八日と二七日に佐藤の講演と質疑応答を実施している。

なぜ対ソ外交だったのか。戦争調査会における佐藤の答は、重要であるにもかかわらず、これまで注目されることが少なかった。答の要点を引用する。

　ソヴィエットが聊《いさ》さかでも参戦の気配を示すことがあったならば、一足飛びにソヴィエットの懐《ふとこ》ろに飛び込んだがいい。その意味は、英米に対して日本が直接和を講ずることは不可能であろうから、終戦後必要とするならば、ソヴィエットを中間へ立てなければいかぬ。しかもソヴィエットの懐ろに飛び込むというには、無条件降伏と同じ決心を持ってゆかなければいかぬという意味であったのである。

ここに明らかなように、佐藤の対ソ外交がめざしていたのは、対米英直接和平の不可能性の前提に立つ無条件降伏による和平の仲介だった。

しかし東京の外務省と鈴木《すずき》（貫太郎《かんたろう》）内閣はちがった。ソ連に求めたのは少しでも有利な条件での和平の仲介だった。たとえば七月に作成された対ソ交渉案は一二もの項目を挙げている。なかには非占領、自主的撤兵、戦争犯罪者の自主的処理、軍備の自主的制限といった虫が良すぎる条件もある。東京では広田弘毅元首相・元外相とマリク駐日ソ連大使とのあいだで、断続的に交渉がつづく。同月、近衛文麿をモスクワに特使として派遣することが決定される。

佐藤は否定的だった。「無条件降伏が困るという以上は、ソヴィエットに頼んでも、迚《とて》もできた相談ではなかったと思う」。無条件降伏ならばソ連に仲介を依頼しなくても、直接、米英と和平を結べばよさそうなものである。しかし佐藤は「無条件降伏ということに対するアメリカの態度が、もっともっと過酷なものがあるだろうと考えておった」。対日戦争を一手に引き受けて、大きな犠牲を払っていたアメリカの態度が峻烈《しゅんれつ》なものになるだろうことは、外交官の常識だったにちがいない。

一九四五年七月一五日、佐藤は本省に無条件降伏を進言している。「戦争終結を欲する以上無条件又はこれに近き講和を為すの他なきこと真に已むを得ざる所なり」。佐藤は近衛の特使派遣にも難色を示している。和平の具体的な条件を持たずに行けば、断られるのが関の山だったからである。

それでも本国政府が決めたことだから、佐藤はスターリンとモロトフがポツダムに出発する前に、近衛特使の件で回答を求めた。ところがソ連の外交当局者の返事は「到底不可能」だった。

スターリンとモロトフはポツダムから八月五日に帰国する。佐藤は会見を申し入れる。七日になって、「明八日午後八時にお会い出来る」と知らせてきた。翌日モロトフ外相が佐藤に告げたのは宣戦布告だった。

佐藤は米英の強硬な態度を前提に、無条件降伏でソ連に和平の仲介を求めた。本省は米英の態度にわずかな可能性を見出して、有条件降伏でソ連に和平の仲介を求めた。ソ連の答はどちらに対しても、開戦通告だった。

## 一条件対四条件

ソ連を仲介とする和平の望みが絶たれた以上、あとは米英に対して直接、降伏する以外に選択の余地はなくなった。八月九日午前一〇時三〇分から最高戦争指導会議が始まる。最高戦争指導会議とは、首相・外相・陸相・海相・参謀総長・軍令部総長の六名による国家の最高意思決定機関のことである。

この日の未明、ソ満国境からソ連軍が進撃を始めた。すでに八月六日には広島に原爆が投下されている。この日の会議中、午前一一時二分には今度は長崎に原爆が投下される。二つの原爆投下とソ連参戦を前にすれば、結論は自明だったはずである。

すでに七月二六日、米英中三国はポツダム宣言を発して、日本に降伏を勧告していた。ポツダム宣言の受諾によって降伏する。それには条件付だった。午後から臨時閣議が二度開催される。結論が得られず、議論は深夜までつづく。

ポツダム会談

一〇日午前零時三分からの最高戦争指導会議は天皇の臨席によって御前会議となった。外相の一条件（「国体護持」）対陸相の四条件（「国体護持」・自主的武装解除・自主的戦犯処罰・保障占領拒否）をめぐって意見が対立する。外相の立場からすれば、和平の仲介国ソ連を失った以上、四条件を付けても、連合国側から無視されるのがせいぜいのところだった。対する陸相はまだ戦争に負けていないとの立場を示した。陸相の四条件案に参謀総長と軍令部総長が賛成する。外相の一条件案には、軍事的な敗北を認めた海相と四条件の提示によって決裂をおそれた枢密院議長が賛成する。ここに一条件と四条件は三対三の同数で割れた。

## 二つの「聖断」

なぜ意見が対立し、議論は錯綜したのか。戦争調査会は最適の人物に話を聞いている。最適の人物とは当時、外務次官だった松本俊一《まつもとしゅんいち》である。第一部会は一九四六年五月二〇日に講話と質疑応答を実施する。

八月一〇日午前二時頃、天皇は外相案（一条件案）に賛成して、「聖断」が下される。日本は「天皇の国家統治の大権」を変更しないことを条件に、ポツダム宣言の受諾を決定した。松本の談話によれば、この日の午前七時頃、松本はポツダム宣言受諾の訓令を出している。二四時間一睡もしていなかった。そこへ吉積正雄《よしづみまさお》軍務局長が怒鳴り込んでくる。「電信はもう出したか」。ふたりは「どちらも寝ておらぬから、機嫌が悪い。多少言い争いもした」。しかし結論は変わらなかった。この時、吉積は一条件に三条件を付けて貫徹

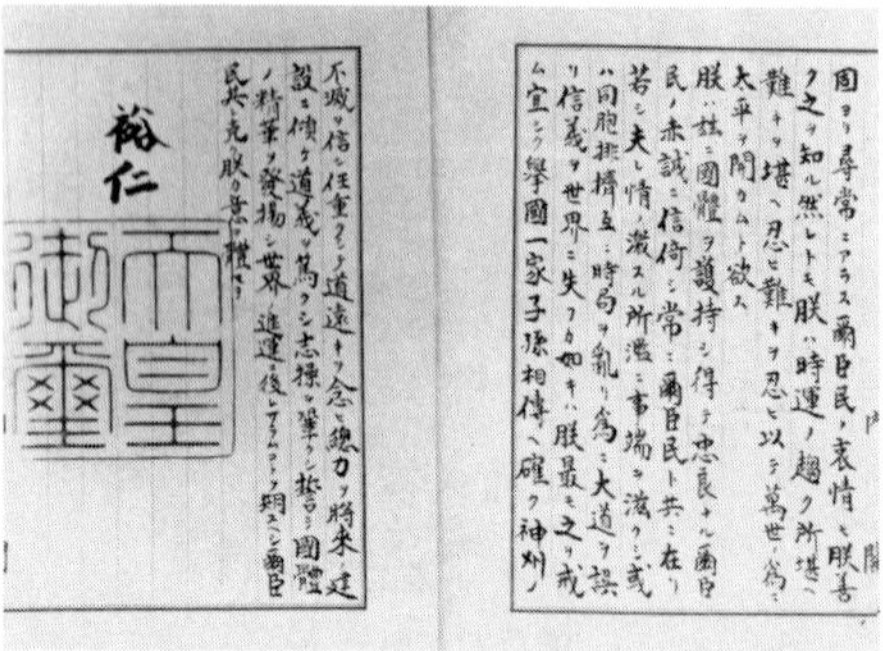
固ヨリ尋常ニアラス爾臣民ノ衷情モ朕善
ク之ヲ知ル然レトモ朕ハ時運ノ趨ク所堪ヘ
難キヲ堪ヘ忍ヒ難キヲ忍ヒ以テ萬世ノ爲ニ
太平ヲ開カムト欲ス
朕ハ茲ニ國體ヲ護持シ得テ忠良ナル爾臣
民ノ赤誠ニ信倚シ常ニ爾臣民ト共ニ在リ
若シ夫レ情ノ激スル所濫ニ事端ヲ滋クシ或
ハ同胞排擠互ニ時局ヲ亂リ爲ニ大道ヲ誤
リ信義ヲ世界ニ失フカ如キハ朕最モ之ヲ戒
ム宜シク擧國一家子孫相傳ヘ確ク神州ノ
不滅ヲ信シ任重クシテ道遠キヲ念ヒ總力ヲ將來ノ建
設ニ傾ケ道義ヲ篤クシ志操ヲ鞏クシ誓テ國體
ノ精華ヲ發揚シ世界ノ進運ニ後レサラムコトヲ期スヘシ爾臣
民其レ克ク朕カ意ヲ體セヨ
裕仁
天皇御璽

**終戦の詔書**

するように求めている。松本は「これを条件にしたのでは駄目だ」と取り合わなかった。

日本政府は一二日午前零時四五分に連合国側の回答文を知る。回答文には「国家統治の権限は、連合国最高司令官の制限の下に置かるるものとす」と「日本国の政府の形態は、ポツダム宣言にしたがい、日本国民の自由に表明された意思によって決定せらるべきものとす」と記されていた。

松本は即時受諾の考えだった。対する軍部は、この回答文では「国体の護持」に不安があるから、再交渉すべきだと主張した。松本は再交渉に反対だった。そうなれば「話を壊して、この際和平ができないという結果になることは、火を睹《み》るより明らか」だったからである。即時受諾と再交渉の二つの考え方がもつれる。一二、一三、一四日と「揉みに揉んだ」。

ここに再び「聖断」が下される。一四日午前開催の第二回御前会議において、ポツダム宣言受諾が決定された。

以上の経緯を踏まえて、青木長官が松本に質問する。「国体の問題は関係ないと言い放ってしまった方が、却ってよかったのではないか」。松本が答える。「私は今でもそう思っている。却って藪蛇《やぶへび》で、殊に初めわれわれの考えた案は、皇室の地位には影響を及ぼさずという案文だった。それが非常に固くなって、天皇統治の大権には影響ないとなった。そうすると非常に法律問題になってしまう。向うも非常に固い。その点は却って余り露骨に言わなかった方がよかったのではないか」。

松本の証言に基づけば、八月一〇日のポツダム宣言受諾決定の際に、条件を「皇室の地位には影響を及ぼさず」とすれば、連合国側も受け入れたことになる。しかし「天皇の国家統治の大権」となったことで、受け入れがたくなった。

そこで八月一二日の連合国側の回答文ということになる。松本はこの回答文を心配しなかった。松本は「国民の意思」によって、「天皇制をそのまま維持する」ことになると確信していたからである。外交の現実を踏まえた松本の合理的な判断は、軍部の非合理的な判断に基づく抵抗に遭う。松本の判断が政府の決定となるには、二度の「聖断」が必要だった。

# おわりに

## 「平和建設所」

戦争調査会のその後を略述する。

戦争調査会は一九四六（昭和二一）年九月末に廃止される。調査の継続をあきらめなかった幣原喜重郎は、戦争調査会の後継となる民間財団の設立をめざす。この年一〇月一五日の財団法人「平和建設所」の設立許可申請書には、馬場恒吾、渡辺銕蔵、芦田均、斎藤隆夫といった戦争調査会の主要メンバーが名を連ねている。一一月二〇日には設立者会合の開催が決まった。しかしGHQが財団法人「平和建設所」の設立を認めなかった。調査の継続は叶わなかった。

戦争調査会の継承が部分的に実現するのは、幣原の没後のことである。一九五一（昭和二六）年三月一〇日に幣原が亡くなる。同年九月に幣原平和財団が設立される。幣原平和財団の研究の成果は、石射猪太郎の監修の下で始まり、一九五五（昭和三〇）年に出版された幣原の伝記の編纂事業である。この伝記は幣原所蔵の史料と図書に依拠したと記されている。しかし戦争調査会の資料の直接的な引用は見当たらない。幣原平和財団の設立にもかかわらず、戦争調査会の資料は活かされなかった。

## 『太平洋戦争前史』全六巻

「平和建設所」の断念を余儀なくされた生前の幣原は、青木得三に調査の継続を託した。青木はひとりで個人の著作として『太平洋戦争前史』全六巻をまとめる。出版が完結したのは一九五二（昭和二七）年のことだった。

戦争原因の追究に主題を限定したにもかかわらず、これだけの大著になったのは、戦争調査会の継続を一身に背負った青木の矜持《きょうじ》と執念がそうさせたからだろう。復刻版の「解題」によれば、青木の著作が依拠した主要な史料は東京裁判関連の史料だった。この「解題」は指摘する。「東京裁判関係の史料のみに依拠していることは、本書の限界といわざるをえない」。そうだろうか。青木が戦争調査会で話を聞きたかった人物たちは、東京裁判の被告席に立っていた。青木にとってもっとも重要だったのは、東京裁判の史料だった。そうだとすれば、東京裁判の史料に依拠したことも納得できる。

問題があるとすれば、東京裁判の史料に依拠していることよりも、戦争調査会の資料を活用していないことだろう。この点が惜しまれる。

付け加えると、青木の労作の文体は分析的ではなく記述的である。なぜならば青木が第一巻の冒頭で述べているように、「本書は正確なる史実を記録することを目的」としていたからである。幣原の手になる序文も、本書の題名は『太平洋戦争前史』というよりも『太平洋戦争原因資料』と呼ぶべきであると指摘している。結局のところ青木の著作は、戦争調査会の資料と同様に、のちの世代が歴史的な評価をすべき史料として、残されることになった。

## 外務省報告書「日本外交の過誤」

幣原から政権だけでなく戦争調査会も引き継いだ吉田茂は、戦争調査会の廃止から数年を経た一九五一（昭和二六）年一月、斎藤鎮男《さいとうしずお》外務省政務局政務課長を箱根の別荘に呼び出し、指示を与えた。吉田の指示とは、満州事変から敗戦までの時期における日本外交の失敗の原因を課長クラスで研究して、結果を報告するようにというものだった。それから約三ヵ月後、彼らは「日本外交の過誤」と題する約五〇頁の報告書をまとめる。吉田にとってこの報告書は、外務省版の戦争調査会報告書だったのだろう。

「日本外交の過誤」は二〇〇三年に広く知られるようになり、反響を巻き起こした。大使経験者への聞き取り調査を基にしたこの報告書は、戦争への道に新たな角度から光を投げかけている。

## 戦争調査会と今日の日本

このように戦争調査会が蒔いた種子は芽吹き出した。しかし戦争調査会の資料は、二〇一六年に公刊されるまで、国立公文書館と国立国会図書館憲政資料室の書庫で眠りつづけることになった。今、戦争調査会の資料はのちの世代が引き継ぐことを待っている。

最後に戦争調査会が今日の日本に投げかけているのは何か、その要点を記してまとめに代える。

## 戦争責任の問題

第一は戦争責任の問題である。歴史認識をめぐって、今も近隣諸国とのあいだで小競り合いがつづいている。その背景にあるのが戦争責任の問題である。近隣諸国が問題を出す。日本が反応する。今度は近隣諸国が別の問題を出す。日本が反応する。このような外交の往復運動は永久につづく。日本の方からさきに戦争責任の問題に決着をつけるべきだった。

戦争調査会は戦争責任をできるだけ広く定義しようとしていた。「戦争調査会設置経緯」（一九四六年一月九日）によれば、戦争責任とは「戦争を挑発し、起し、拡大遷延せしめた責任」に留まらず、「戦争を傍観し敗戦を拍車した者の責任」のことだった。

戦争調査会の議論では民衆の戦争責任を問う先駆的な意見もあった。第二回総会（一九四六年四月四日）の議論を再引用する。そこでは「戦争は悪くなかった、敵が悪いのだけれども、負けたから、皆悪いことを日本が背負って居るのだ」、このように考えて反省しない民衆の戦争責任の問題が議論されていた。

戦争を傍観した責任、敗戦に拍車をかけた責任、民衆の戦争責任、これらを含めた戦争責任の考え方に立つ戦争調査会の調査結果が公表されれば、「自然戦争責任の所在と云うものも判明する」はずだった（一九四五年一二月一日の貴族院における幣原の発言）。

しかし報告書の公表の機会は訪れなかった。戦争責任の問題は先送り後回しになった。問題はこじれて現在に至る。今こそ戦争調査会の原点に立ち返って、日本人一人ひとりが戦争の検証をおこなうべきである。

## 戦争体験の継承の問題

第二は戦争体験の継承の問題である。毎年八月一五日前後になると、メディアは決まり文句のように、戦争体験の風化に警鐘を鳴らし、語り継がなくてはならないと強調する。たしかに戦争体験は継承されるべきだろう。しかしどれほど悲惨で過酷な体験だったとしても、のちの世代の受け止め方は人によって異なる。

戦争の惨禍の現実を直視すれば、戦争は起こらない。そう考えるのは、楽観的に過ぎる。経年変化によって記憶の伝達は劣化する。当時と今はちがう。あのような戦争がふたたび起こるはずはない。今の日本が戦争に向かっているかのように危機感を煽《あお》るのは、本末転倒である。

幣原は戦争調査会の第二回総会において、つぎの趣旨の発言をしている。今はいいけれども二〇年、三〇年後はわからない。再戦論が起きるおそれもある。その時に備えて、戦争調査会の報告書は「非常に価値のある有益なる参考書類」にしなければならない。

戦争は単一要因ではなく、複数の要因の複雑な相互連関の結果として起きる。戦争の直接的な体験者がいなくなって何年、何十年を経ても、戦争の時代の全体像を考えつづける歴史的な想像力を鍛えなければならない。

## 歴史研究の問題

第三は歴史研究の問題である。戦争調査会の当時と今とでは史料状況が格段に異なる。史料状況の飛躍的な改善によって、研究は進展している。しかし先行研究に対する独自性の主張が行き過ぎて、枝葉末節の史料実証主義に陥っている。歴史研究者は書店に溢れる怪しい昭和史本を冷笑する。問題はそのような本が売れる日本の社会状況よりも、なぜ研究の成果が広く共有されないかにある。

戦争調査会の目的は戦争防止と平和な新国家の建設だった。戦争防止と平和な新国家の建設は、敗戦直後の日本人の誰もが希求したにちがいない。戦争調査会の調査は、研究のための研究ではなかった。困難な状況のなかでも八方手を尽くして、資料を集め調査をつづけた。戦争調査会を突き動かしていたのは、社会からの差し迫った求めだった。

今問われるべきは歴史研究の社会的な責任である。一次史料の発掘と新しい歴史解釈の目的は、先行研究に対するわずかな優位性を主張するのではなく、社会の求めに応じて、あるいは社会に向かって、歴史理解の指針を示すことでなくてはならない。戦争調査会に学ぶべきは、社会に役立つ歴史研究の重要性である。

# 参考文献

## はじめに

五百旗頭真『占領期——首相たちの新日本』（講談社学術文庫、二〇〇七年）
太田健一ほか『次田大三郎日記』（山陽新聞社、一九九一年）
加藤陽子『戦争まで——歴史を決めた交渉と日本の失敗』（朝日出版社、二〇一六年）
幣原喜重郎『外交五十年』（中公文庫、一九八七年）
冨田圭一郎「敗戦直後の戦争調査会について——政策を検証する試みとその挫折」（『レファレンス』二〇一三年一月号）
波多野澄雄『国家と歴史』（中公新書、二〇一一年）
日暮吉延『東京裁判』（講談社現代新書、二〇〇八年）
広瀬順晧ほか編『戦争調査会事務局書類　第一巻』（ゆまに書房、二〇一五年）
吉田裕『現代歴史学と戦争責任』（青木書店、一九九七年）

## Ⅰ章

『朝日新聞』（一九四五年一二月二日）
五百旗頭真『占領期——首相たちの新日本』（講談社学術文庫、二〇〇七年）
石井修『世界恐慌と日本の「経済外交」——一九三〇—一九三六年』（勁草書房、一九九五年）
井上寿一『戦前日本の「グローバリズム」』（新潮選書、二〇一一年）
太田健一ほか『次田大三郎日記』（山陽新聞社、一九九一年）
奥和義「両大戦間期における日英の競争について——英国公文書館所蔵文書CO852・23・5を中心に」（関

西大学『経済論集』第六二巻第四号）
籠谷直人『アジア国際通商秩序と近代日本』（名古屋大学出版会、二〇〇〇年）
「官報号外　昭和二十年十二月二日　貴族院議事速記録第四号」
幣原喜重郎『外交五十年』（中公文庫、一九八七年）
幣原平和財団編『幣原喜重郎』（幣原平和財団、一九五五年）
徳富蘇峰『徳富蘇峰　終戦後日記』（講談社、二〇〇六年）
冨田圭一郎「敗戦直後の戦争調査会について――政策を検証する試みとその挫折」（『レファレンス』二〇一三年一月号）
内政史研究会『青木得三氏談話速記録』（内政史研究会、一九六四年）
服部龍二『増補版　幣原喜重郎――外交と民主主義』（吉田書店、二〇一七年）
広瀬順晧ほか編『戦争調査会事務局書類　第一巻』（ゆまに書房、二〇一五年）
広瀬順晧ほか編『戦争調査会事務局書類　第二巻』（ゆまに書房、二〇一五年）
広瀬順晧ほか編『戦争調査会事務局書類　第三巻』（ゆまに書房、二〇一五年）
広瀬順晧ほか編『戦争調査会事務局書類　第八巻』（ゆまに書房、二〇一五年）
広瀬順晧ほか編『戦争調査会事務局書類　第一一巻』（ゆまに書房、二〇一六年）
広瀬順晧ほか編『戦争調査会事務局書類　第一四巻』（ゆまに書房、二〇一六年）
福永文夫『日本占領史　1945-1952――東京・ワシントン・沖縄』（中公新書、二〇一四年）
御厨貴『馬場恒吾の面目――危機の時代のリベラリスト』（中央公論社、一九九七年）
『読売報知新聞』（一九四五年一一月二九日）

## Ⅱ章

芦田均『芦田均日記　第一巻』（岩波書店、一九八六年）
五百旗頭真『占領期――首相たちの新日本』（講談社学術文庫、二〇〇七年）
太田奈名子「占領期ラジオ番組『質問箱』について――番組内容とGHQ占領政策の関連性を談話分析から探る」（日本マス・コミュニケーション学会・二〇一七年度春季研究発表会・研究発表論文、二〇一七年）
奥和義「戦時・戦後復興期の日本貿易――1937年〜1955年」（『関西大学商学論集』第五六巻第三号）
戸部良一『ピース・フィーラー――支那事変和平工作の群像』（論創社、一九九一年）
冨田圭一郎「敗戦直後の戦争調査会について――政策を検証する試みとその挫折」（『レファレンス』二〇一三年一月号）
服部龍二『増補版　幣原喜重郎――外交と民主主義』（吉田書店、二〇一七年）
広瀬順晧ほか編『戦争調査会事務局書類　第三巻』（ゆまに書房、二〇一五年）
広瀬順晧ほか編『戦争調査会事務局書類　第四巻』（ゆまに書房、二〇一五年）
広瀬順晧ほか編『戦争調査会事務局書類　第一四巻』（ゆまに書房、二〇一六年）
保阪正康『日本解体――「真相箱」に見るアメリカの洗脳工作』（扶桑社、二〇〇三年）
聯合軍最高司令部民間情報教育局編ラヂオ放送「真相箱」の再録『真相はかうだ』（聯合プレス社、一九四六年）

Ⅲ章
『有澤廣巳の昭和史』編纂委員会編『歴史の中に生きる　有澤廣巳の昭和史』（東京大学出版会、一九八九年）
井上寿一『昭和史の逆説』（新潮新書、二〇〇八年）

井上寿一『終戦後史　1945-1955』(講談社選書メチエ、二〇一五年)
岡部桂史「戦時経済統制の展開と農業機械工業」(『大阪大学経済学』第六四巻第二号)
『東京朝日新聞』(一九三三年一二月一〇日朝刊)
冨田圭一郎「敗戦直後の戦争調査会について──政策を検証する試みとその挫折」(『レファレンス』二〇一三年一月号)
中村隆英・大森とく子編『日本経済再建の基本問題　資料・戦後日本の経済政策構想　第一巻』(東京大学出版会、一九九〇年)
日本経済新聞社編『私の履歴書　第四十六集』(日本経済新聞社、一九七二年)
広瀬順晧ほか編『戦争調査会事務局書類　第一巻』(ゆまに書房、二〇一五年)
広瀬順晧ほか編『戦争調査会事務局書類　第六巻』(ゆまに書房、二〇一五年)
広瀬順晧ほか編『戦争調査会事務局書類　第一〇巻』(ゆまに書房、二〇一六年)
渡辺昭夫編『戦後日本の対外政策』(有斐閣選書、一九八五年)

## Ⅳ章

五百旗頭真『占領期──首相たちの新日本』(講談社学術文庫、二〇〇七年)
井上寿一『終戦後史　1945-1955』(講談社選書メチエ、二〇一五年)
大原社会問題研究所編著『日本労働年鑑　第二二集／戦後特集』(第一出版、一九四九年)
外務省編『初期対日占領政策(上)──朝海浩一郎報告書』(毎日新聞社、一九七八年)
外務省編『初期対日占領政策(下)──朝海浩一郎報告書』(毎日新聞社、一九七九年)
北岡伸一『日本政治史──外交と権力』(有斐閣、二〇一一年)
「食糧メーデーと天皇プラカード事件(2)──松島松太郎氏に聞く」(『大原社会問題研究所雑誌』五三五号、

二〇〇三年六月）
袖井林二郎編訳『吉田茂＝マッカーサー往復書簡集〔1945-1951〕』（法政大学出版会、二〇〇〇年）
武田清子『天皇観の相剋――一九四五年前後』（岩波現代文庫、二〇〇一年）
鶴見俊輔『新しい開国　日本の百年10』（ちくま学芸文庫、二〇〇八年）
冨田圭一郎「敗戦直後の戦争調査会について――政策を検証する試みとその挫折」（『レファレンス』二〇一三年一月号）
中村隆英『昭和経済史』（岩波書店、一九八六年）
中村隆英『昭和史　Ⅱ』（東洋経済新報社、一九九三年）
広瀬順晧ほか編『戦争調査会事務局書類　第四巻』（ゆまに書房、二〇一五年）
広瀬順晧ほか編『戦争調査会事務局書類　第六巻』（ゆまに書房、二〇一五年）
広瀬順晧ほか編『戦争調査会事務局書類　第一一巻』（ゆまに書房、二〇一六年）
福永文夫『日本占領史　1945-1952――東京・ワシントン・沖縄』（中公新書、二〇一四年）
御厨貴『馬場恒吾の面目――危機の時代のリベラリスト』（中央公論社、一九九七年）

## Ⅴ章

麻田貞雄『両大戦間の日米関係――海軍と政策決定過程』（東京大学出版会、一九九三年）
伊藤隆ほか編『続・現代史資料5　海軍　加藤寛治日記』（みすず書房、一九九四年）
稲葉正夫ほか編『太平洋戦争への道　開戦外交史《新装版》別巻　資料編』（朝日新聞社、一九八八年）
今井清一・高橋正衛編『現代史資料(4)』（みすず書房、一九六三年）
岡義武『日本近代史大系　第5巻　転換期の大正』（東京大学出版会、一九六九年）
小熊英二『〈民主〉と〈愛国〉――戦後日本のナショナリズムと公共性』（新曜社、二〇〇二年）

川田稔編・解説『永田鉄山　軍事戦略論集』（講談社選書メチエ、二〇一七年）
小堀桂一郎編『東京裁判　日本の弁明』（講談社学術文庫、一九九五年）
小森陽一・成田龍一編著『日露戦争スタディーズ』（紀伊國屋書店、二〇〇四年）
衆議院調査部「対支文化工作に関する論調」（『衆議院公報附録　調査資料第十四輯』一九三八年三月）
『世界』主要論文選編集委員会編『『世界』主要論文選 1946-1955』（岩波書店、一九九五年）
「第一類第一号　予算委員会議録　第四回　昭和二十年一月二十四日」
高杉洋平「軍縮と軍人の社会的地位」筒井清忠編『昭和史講義2――専門研究者が見る戦争への道』（ちくま新書、二〇一六年）
高野静子『蘇峰への手紙――中江兆民から松岡洋右まで』（藤原書店、二〇一〇年）
筒井清忠『昭和期日本の構造』（有斐閣選書、一九八四年）
徳富猪一郎『昭和国民読本』（東京日日新聞社、一九三九年）
戸部良一『日本の近代9　逆説の軍隊』（中央公論社、一九九八年）
日本国際政治学会太平洋戦争原因研究部編『太平洋戦争への道　開戦外交史《新装版》1満州事変前夜』（朝日新聞社、一九八七年）
林茂代表編者『二・二六事件秘録（一）』（小学館、一九七一年）
林茂代表編者『二・二六事件秘録（三）』（小学館、一九七一年）
広瀬順晧ほか編『戦争調査会事務局書類　第一巻』（ゆまに書房、二〇一五年）
広瀬順晧ほか編『戦争調査会事務局書類　第六巻』（ゆまに書房、二〇一五年）
広瀬順晧ほか編『戦争調査会事務局書類　第一一巻』（ゆまに書房、二〇一六年）
広瀬順晧ほか編『戦争調査会事務局書類　第一五巻』（ゆまに書房、二〇一六年）
三谷太一郎『岩波人文書コレクション　近代日本の戦争と政治』（岩波書店、二〇一〇年）

山浦貫一編『森恪』（原書房、一九八二年）
山室信一『思想課題としてのアジア』（岩波書店、二〇〇一年）
山室信一『日露戦争の世紀――連鎖視点から見る日本と世界』（岩波新書、二〇〇五年）
山本義彦「両大戦間期日本の貿易構造（上）：統計指標による分析」（『静岡大学法経研究』三六巻一号、一九八七年八月）
米原謙『徳富蘇峰――日本ナショナリズムの軌跡』（中公新書、二〇〇三年）

## Ⅵ章

青木得三「何故に対満投資を抑制する」（『外交時報』七二八号、一九三五年四月一日）
伊藤信哉『近代日本の外交論壇と外交史学――戦前期の『外交時報』と外交史教育』（日本経済評論社、二〇一一年）
井上寿一「国際協調・地域主義・新秩序」安田浩ほか編『シリーズ日本近現代史――構造と変動3　現代社会への転形』（岩波書店、一九九三年）
井上光貞ほか編『日本歴史大系5　近代Ⅱ』（山川出版社、一九八九年）
猪谷善一「世界貿易の新情勢と貿易学説の再吟味」（『外交時報』七二八号、一九三五年四月一日）
上塚司著作権代表者『随想録』（千倉書房、一九三六年）
江木翼君伝記編纂会編『伝記叢書53　江木翼伝』（大空社、一九八八年）
外務省編『日本外交文書　満州事変（別巻）』（外務省、一九八一年）
「官報号外　昭和五年四月二十六日」
木戸日記研究会・日本近代史料研究会『片倉衷氏談話速記録（下）』（日本近代史料研究会、一九八三年）
筒井清忠編『昭和史講義2――専門研究者が見る戦争への道』（ちくま新書、二〇一六年）

『東京朝日新聞』（一九三五年一月九日朝刊）
中村隆英『昭和経済史』（岩波書店、一九八六年）
ハインリッヒ・シュネー（金森誠也訳）『「満州国」見聞記』（講談社学術文庫、二〇〇二年）
秦郁彦『昭和史の軍人たち』（文春文庫、一九八七年）
原秀男ほか編『検察秘録五・一五事件Ⅳ　匂坂資料4』（角川書店、一九九一年）
原田熊雄述『西園寺公と政局　第二巻』（岩波書店、一九五〇年）
広瀬順晧ほか編『戦争調査会事務局書類　第三巻』（ゆまに書房、二〇一五年）
広瀬順晧ほか編『戦争調査会事務局書類　第六巻』（ゆまに書房、二〇一五年）
広瀬順晧ほか編『戦争調査会事務局書類　第七巻』（ゆまに書房、二〇一五年）
広瀬順晧ほか編『戦争調査会事務局書類　第八巻』（ゆまに書房、二〇一五年）
広瀬順晧ほか編『戦争調査会事務局書類　第一〇巻』（ゆまに書房、二〇一六年）
横田實「日支関係の一大転換——蔣介石氏の支那統整と提携必至論」（『外交時報』七二八号、一九三五年四月一日）

## Ⅶ章

石射猪太郎『石射猪太郎日記』（中央公論社、一九九三年）
伊藤隆・塩崎弘明編『井川忠雄　日米交渉史料』（山川出版社、一九八二年）
稲葉正夫ほか編『太平洋戦争への道　開戦外交史《新装版》別巻　資料編』（朝日新聞社、一九八八年）
木戸幸一『木戸幸一日記　下巻』（東京大学出版会、一九六六年）
宮内庁『昭和天皇実録　第八』（東京書籍、二〇一六年）
小池聖一・森茂樹編集・解説『大橋忠一関係文書』（現代史料出版、二〇一四年）

近衛文麿『平和への努力』（日本電報通信社、一九四六年）
蔡徳金編『周仏海日記　1937-1945』（みすず書房、一九九二年）
参謀本部編『杉山メモ上――大本営・政府連絡会議等筆記』（原書房、一九六七年）
塩崎弘明『日英米戦争の岐路――太平洋の宥和をめぐる政戦略』（山川出版社、一九八四年）
筒井清忠編『昭和史講義――最新研究で見る戦争への道』（ちくま新書、二〇一五年）
筒井清忠編『昭和史講義3――リーダーを通して見る戦争への道』（ちくま新書、二〇一七年）
戸部良一『ピース・フィーラー――支那事変和平工作の群像』（論創社、一九九一年）
戸部良一『シリーズ　日本の近代　逆説の軍隊』（中公文庫、二〇一二年）
波多野澄雄『「大東亜戦争」の時代』（朝日出版社、一九八八年）
広瀬順晧ほか編『戦争調査会事務局書類　第三巻』（ゆまに書房、二〇一五年）
広瀬順晧ほか編『戦争調査会事務局書類　第六巻』（ゆまに書房、二〇一五年）
広瀬順晧ほか編『戦争調査会事務局書類　第八巻』（ゆまに書房、二〇一五年）
広瀬順晧ほか編『戦争調査会事務局書類　第九巻』（ゆまに書房、二〇一五年）
広瀬順晧ほか編『戦争調査会事務局書類　第一三巻』（ゆまに書房、二〇一六年）
森山優『日米開戦の政治過程』（吉川弘文館、一九九八年）

## Ⅷ章

井上寿一『昭和の戦争――日記で読む戦前日本』（講談社現代新書、二〇一六年）
ＮＨＫスペシャル取材班『日本海軍４００時間の証言』（新潮文庫、二〇一四年）
外務省編『終戦史録』三巻（官公庁文献研究会、一九九三年）
佐伯康子「海軍の南進と南洋興発（一九二〇年〜一九三六年）」（『法学研究』六五巻二号、一九九二年）

鈴木多聞『「終戦」の政治史　1943-1945』（東京大学出版会、二〇一一年）
冨田圭一郎「敗戦直後の戦争調査会について——政策を検証する試みとその挫折」（『レファレンス』二〇一三年一月号）
中村隆英・大森とく子編『日本経済再建の基本問題　資料・戦後日本の経済政策構想　第一巻』（東京大学出版会、一九九〇年）
秦郁彦『昭和史の軍人たち』（文春文庫、一九八七年）
広瀬順晧ほか編『戦争調査会事務局書類　第六巻』（ゆまに書房、二〇一五年）
広瀬順晧ほか編『戦争調査会事務局書類　第七巻』（ゆまに書房、二〇一五年）
広瀬順晧ほか編『戦争調査会事務局書類　第八巻』（ゆまに書房、二〇一五年）
広瀬順晧ほか編『戦争調査会事務局書類　第九巻』（ゆまに書房、二〇一五年）
広瀬順晧ほか編『戦争調査会事務局書類　第一一巻』（ゆまに書房、二〇一六年）
広瀬順晧ほか編『戦争調査会事務局書類　第一二巻』（ゆまに書房、二〇一六年）
広瀬順晧ほか編『戦争調査会事務局書類　第一五巻』（ゆまに書房、二〇一六年）
松尾博志『電子立国日本を育てた男——八木秀次と独創者たち』（文藝春秋、一九九二年）

## おわりに

荒井秀夫（発行者）『シリーズ平和への検証　太平洋戦争前史　第一巻』（ゆまに書房、一九九九年）
小倉和夫『吉田茂の自問——敗戦、そして報告書「日本外交の過誤」』（藤原書店、二〇〇三年）
広瀬順晧ほか編『戦争調査会事務局書類　第一巻』（ゆまに書房、二〇一五年）
広瀬順晧ほか編『戦争調査会事務局書類　第一一巻』（ゆまに書房、二〇一六年）
広瀬順晧ほか編『戦争調査会事務局書類　第一四巻』（ゆまに書房、二〇一六年）

# あとがき

戦争調査会の公刊資料全一五巻をデスクの上に並べただけで、書き上げたのも同然の気持ちになった。この数年フランスでおこなっている史料調査と比較したからである。

パリ北部郊外のラ・クールヌーヴにある外務省外交史料館に行こうとしたところ、フランス人の知人から遠まわしに行かない方がいいと言われた。テロ事件が頻発する前から治安に問題のある地域だったからである。しかし史料があるとなれば、どこにでも行くのが歴史研究者の性《さが》である。地下鉄の終着駅から一つ前の駅で降りて、バスを乗り継ぎ、たどり着いた。この間たしかに緊張を強いられた。

白亜の巨大な建物の前でたじろいだ。イギリスやアメリカの文書館とはちがっていた。全体の雰囲気がよそよそしく感じられた。幸い親切なアーキビストの方の助けを借りて、史料を読むことができた。閉口したのはラウンジの自動販売機である。史料読みに疲れて、コーヒーブレークをとることにした。驚いた。コーヒーの自動販売機が謎の仕様になっている。カップが薄く熱くて持てない。こぼす人もいる。さらに三分の一ほど飲んだところで、なかから小さなスプーンが現われる寸法になっている。おちおちブレークもとれない緊張の連続だった。

このようなフランスでの史料調査と比較すれば、全一五巻は寝ころびながらでも読める。行き届いた解題もついている。造作のないことだった。ところがどっこい、そうは問屋が卸さなかった。全一五巻はそれだけで一つの史料館のようだったからである。史料は玉石混交、期待どおりの内容とは限らず、一つ一つ読んでみなければわからなかった。史料読解の仕方によっては「玉」になった。史料読解の醍醐味《だいごみ》である。

ここまでが長かった。そこからさきは一直線である。初稿は二ヵ月かからなかった。登場人物たちは誰もが不思議な魅力を持っていた。なかでも渡辺錠蔵の斬新な歴史解釈と岡田菊三郎の軍事戦略の現実主義に魅了された。詳しくは本文をお読みいただきたい。

戦争調査会の資料を読んでいる途中で、自衛隊の南スーダンPKO日報問題・「森友学園」問題・「加計学園」問題が連続して起きた。公文書管理の問題が政治問題化した。公文書管理に関連する二つの政府委員を務めている立場からすると、正直なところ迷惑な話だった。身近に接している官庁職員の誠実な仕事ぶりを誤解されたくなかった。彼らと戦争調査会の事務官が二重写しになった。

戦争調査会の調査体制の確立は公文書管理体制の確立に似ている。及ばずながら公文書管理に末端で関わっている身としては、戦争調査会の行く末は他人事ではなかった。こうして現在の問題として過去の戦争調査会を考えることができた。

謝意を記すのが遅くなった。あらためて拙い企画案に寛大な理解を示してくださった講談社の所澤淳氏に感謝の気持ちを表したい。編集を手がけていただき、今回が七冊目になる。今回ほど助けられたことはない。所澤氏の編集がなければ、原稿は本になることもなく、USBメモリのなかで眠りつづけたはずである。

二〇一七年一〇月

井上寿一

講談社現代新書　2453

# 戦《せん》争《そう》調《ちょう》査《さ》会《かい》　幻《まぼろし》の政《せい》府《ふ》文《ぶん》書《しょ》を読《よ》み解《と》く

二〇一七年一一月二〇日　第一刷発行　二〇一七年一二月一二日　第四刷発行

著　者　井上寿一《いのうえとしかず》　

発行者　鈴木　哲
発行所　株式会社講談社
東京都文京区音羽二丁目一二―二一　郵便番号一一二―八〇〇一
電　話　〇三―五三九五―三五二一　編集（現代新書）
〇三―五三九五―四四一五　販売
〇三―五三九五―三六一五　業務
装幀者　中島英樹
印刷所　慶昌堂印刷株式会社
製本所　株式会社国宝社
定価はカバーに表示してあります　Printed in Japan



N.D.C.210.7　259p　18cm
ISBN978-4-06-288453-2

## 「講談社現代新書」の刊行にあたって

教養は万人が身をもって養い創造すべきものであって、一部の専門家の占有物として、ただ一方的に人々の手もとに配布され伝達されうるものではありません。

しかし、不幸にしてわが国の現状では、教養の重要な養いとなるべき書物は、ほとんど講壇からの天下りや単なる解説に終始し、知識技術を真剣に希求する青少年・学生・一般民衆の根本的な疑問や興味は、けっして十分に答えられ、解きほぐされ、手引きされることがありません。万人の内奥から発した真正の教養への芽ばえが、こうして放置され、むなしく滅びさる運命にゆだねられているのです。

このことは、中・高校だけで教育をおわる人々の成長をはばんでいるだけでなく、大学に進んだり、インテリと目されたりする人々の精神力の健康さえもむしばみ、わが国の文化の実質をまことに脆弱なものにしています。単なる博識以上の根強い思索力・判断力、および確かな技術にささえられた教養を必要とする日本の将来にとって、これは真剣に憂慮されなければならない事態であるといわなければなりません。

わたしたちの「講談社現代新書」は、この事態の克服を意図して計画されたものです。これによってわたしたちは、講壇からの天下りでもなく、単なる解説書でもない、もっぱら万人の魂に生ずる初発的かつ根本的な問題をとらえ、掘り起こし、手引きし、しかも最新の知識への展望を万人に確立させる書物を、新しく世の中に送り出したいと念願しています。

わたしたちは、創業以来民衆を対象とする啓蒙の仕事に専心してきた講談社にとって、これこそもっともふさわしい課題であり、伝統ある出版社としての義務でもあると考えているのです。

一九六四年四月　野間省一

## 日本史

1258 身分差別社会の真実——斎藤洋一 大石慎三郎
1265 七三一部隊——常石敬一
1292 日光東照宮の謎——高藤晴俊
1322 藤原氏千年——朧谷寿
1379 白村江——遠山美都男
1394 参勤交代——山本博文
1414 謎とき日本近現代史 野島博之
1599 戦争の日本近現代史 加藤陽子
1648 天皇と日本の起源 遠山美都男
1680 鉄道ひとつばなし——原武史
1702 日本史の考え方——石川晶康
1707 参謀本部と陸軍大学校 黒野耐

1797 「特攻」と日本人——保阪正康
1885 鉄道ひとつばなし2——原武史
1900 日中戦争——小林英夫
1918 日本人はなぜキツネにだまされなくなったのか 内山節
1924 東京裁判——日暮吉延
1931 幕臣たちの明治維新 安藤優一郎
1971 歴史と外交——東郷和彦
1982 皇軍兵士の日常生活 一ノ瀬俊也
2031 明治維新 1858-1881 坂野潤治 大野健一
2040 中世を道から読む——齋藤慎一
2089 占いと中世人——菅原正子
2095 鉄道ひとつばなし3——原武史
2098 戦前昭和の社会 1926-1945——井上寿一

2106 戦国誕生——渡邊大門
2109 「神道」の虚像と実像 井上寛司
2152 鉄道と国家——小牟田哲彦
2154 邪馬台国をとらえなおす——大塚初重
2190 戦前日本の安全保障——川田稔
2192 江戸の小判ゲーム——山室恭子
2196 藤原道長の日常生活 倉本一宏
2202 西郷隆盛と明治維新 坂野潤治
2248 城を攻める 城を守る——伊東潤
2272 昭和陸軍全史1——川田稔
2278 織田信長〈天下人〉の実像 金子拓
2284 ヌードと愛国——池川玲子
2299 日本海軍と政治——手嶋泰伸

## 世界史Ⅰ

834 ユダヤ人――上田和夫
934 大英帝国――長島伸一
968 ローマはなぜ滅んだか　弓削達
1017 ハプスブルク家――江村洋
1080 ユダヤ人とドイツ――大澤武男
1088 ヨーロッパ「近代」の終焉――山本雅男
1097 オスマン帝国――鈴木董
1151 ハプスブルク家の女たち　江村洋
1249 ヒトラーとユダヤ人　大澤武男
1252 ロスチャイルド家　横山三四郎
1282 戦うハプスブルク家　菊池良生
1283 イギリス王室物語――小林章夫
1306 モンゴル帝国の興亡〈上〉――杉山正明
1307 モンゴル帝国の興亡〈下〉――杉山正明
1321 聖書vs.世界史――岡崎勝世
1366 新書アフリカ史――宮本正興 松田素二 編
1442 メディチ家――森田義之
1470 中世シチリア王国――高山博
1486 エリザベスⅠ世――青木道彦
1572 ユダヤ人とローマ帝国　大澤武男
1587 傭兵の二千年史――菊池良生
1588 現代アラブの社会思想　池内恵
1664 新書ヨーロッパ史 中世篇　堀越孝一 編
1673 神聖ローマ帝国――菊池良生
1687 世界史とヨーロッパ　岡崎勝世
1705 魔女とカルトのドイツ史――浜本隆志
1712 宗教改革の真実――永田諒一
1820 スペイン巡礼史――関哲行
2005 カペー朝――佐藤賢一
2070 イギリス近代史講義――川北稔
2096 モーツァルトを「造った」男――小宮正安
2189 世界史の中のパレスチナ問題　臼杵陽
2281 ヴァロワ朝――佐藤賢一

H